Band 2

Claudia Götze

MÜHLHAUSEN

Weißt du noch?

**Schlangestehen am Volksgarten,
Hubertusfest am Stadtberg
und Schwimmen in der „Georgi-Pfütze“**

Geschichten und Anekdoten

Quellen: Udo Sareik, Die Kornmarktkirche zu Mühlhausen, Mühlhäuser Beiträge, Sonderheft 3, 1980
100 Jahre öffentliche Bibliothek Mühlhausen, 1859-1959
Dieter Fechner, Mühlhäuser Druckereien, Buchhandlungen, Bibliotheken seit 1564, Verlag Rockstuhl
Das Post- und Fernmeldewesen im Unstrut-Hainich-Kreis und im Eichsfeld, Fernmeldemuseum Mühlhausen e. V.
Chronik der Stadt Mühlhausen, Band 5, 6, 7. Rockstuhl-Verlag
Kurt-Helmut Spröthe,Mühlhausen, Entwicklungen einer thüringischen Mittelstadt in der DDR, Dümmerls-Verlag 1989
Thomas T. Müller/Andreas Schwarze, Kirchenumnutzung in der DDR, Aufsatz aus Bd. 14 der Thomas-Müntzer-Gesellschaft

Fotos:
Michael Adam (1), Ingrid Baumgardt (1), Ellen Biester (7), Cordula Breitbarth (1), Familie Burian (2), Familie Burkhardt (1), Ulrike Fabisch (2), Gerhard Funke (1), Bernd Görtler (1), Nick Görtler (1), Claudia Götze (11), Werner Groll (1), Alban Huschenbeth (2), Dietrich Jäckel (1), Kerstin Klembt (1), Christina Köhler (9), Thomas Köhler (4) Irmgard Last (2), Frank Marx (3), Klaus Meier (1). Adolf Montag (5), Sammlung Mühlhäuser Museen (5), Wolfgang Müller (3), Martin Mussil (3), Nikolaischule (4), Wolfgang Pilz (3), Ludwig Pölitz (34), Gerd Preuß (1), Stadtbibliothek (3), Jörg Richter (2), Renate Schmalz (10), Hans-Joachim Schramm (1), Peter Petrowsky (4), Werner Strehlow (2), Wolfgang Vogler (3), Katrin Settmacher (2), Marcel Wenk (3), Christa Zenker (2)

1. Auflage 2014

Druck und buchbinderische Verarbeitung:
Buchproduktion Finidr, s.r.o., Český Těšín

34128 Kassel, Richard-Strauß-Straße 33, Tel. (0561) 9 37 17 38
www.Herkules-Verlag.de

ISBN 978-3-941499-94-2

INHALT

MUTIGE MÜHLHÄUSER

WEISSE FAHNEN IN DER WANFRIEDER STRASSE UND AM KRANKENHAUS

In den letzten Tagen des Zweiten Weltkrieges sind auch Bomben auf Mühlhausen gefallen. Von Mitte 1944 bis April 1945 waren es über 50. Es gab insgesamt über 40 Tote, und zahlreiche Häuser wurden zerstört. Bei einem Bombenangriff am 4. April 1945 am Mittag wurden das Geschäftshaus Brenner/Hildebrandt am Steinweg 22/23 zerstört und 18 Menschen getötet. Am gleichen Tag waren die Wagenstedter und die Eisenbahnbrücke gesprengt worden. Unter Lebensgefahr versuchten am Abend des 4. April mehrere Mühlhäuser, Kontakt mit den am Stadtrand stehenden US-Truppen aufzunehmen. **Georg Raeschke**, Chefarzt aller Mühlhäuser Lazarette, und Möbelfabrikant **Karl Haberstolz** gingen auf der Wanfrieder Straße mit weißen Fahnen den Amerikanern entgegen. Klempnermeister **Hermann Stockmann**, Gemüsehändler **August Osburg** und Kontrolleur **Oskar Tröstrum** hissten auf dem Bunker und der Panzerstraße in der Langensalzaer Straße ebenfalls weiße Fahnen. Sie hatten die Soldaten und Volkssturmmänner zunächst von der Sinnlosigkeit dieser Verteidigungsstellung überzeugt. Als ein Spähtrupp der Amerikaner erschien, teilte ihnen Stockmann mit, dass die Stadt ohne deutsche Kampftruppen und die führenden Persönlichkeiten des NS-Regimes bereits aus der Stadt geflüchtet seien. Am 5. April wurde die Stadt von den Amerikanern fast kampflos besetzt. Mehrere hundert deutsche Soldaten gingen in Gefangenschaft und wurden in der Nacht zum 6. April auf dem Untermarkt zum Abtransport gesammelt. Mühlhäuser Bürger plünderten die drei Kasernen und Vorratslager in der Stadt, ohne von den US-Truppen daran gehindert zu werden. **Donald F. Carey** übernahm im Auftrag der US-Militärregierung das Kommando über Mühlhausen, das seinen Sitz im **Hotel Kaiserhof** von Paul Schlenker in der Erfurter Straße 47 einrichtete.

Bürgermeister Ewald Preuß ordnete bereits am 27. April 1945 an, dass die Georgi-, Martini-, Nikolai- und Petrischule ihre alten Namen wieder führen durften.

Ein anderes Ereignis sorgte am 1. Mai für Schlagzeilen: Im Lager bei der General-Fuchs-Kaserne hatten russische und polnische Zwangsarbeiter den 1. Mai 1945 und ihre Befreiung mit Methylalkohol gefeiert. 181 Männer starben unter entsetzlichen Qualen. Der amerikanische Militärkommandant ließ die Toten, die am 9.5. 1945 im Mühlhäuser Sterbebuch verzeichnet wurden, auf dem Neuen Friedhof begraben. Der hier später eingerichtete **Ehrenfriedhof für sowjetische und polnische Kriegsgefangene wurde offiziell Gedenkstätte für gefallene sowjetische Helden**.

Langsam begann wieder das zivile Leben in der Stadt

Friedel und Karla Stollberg Juli 1945 im Hof an der Ammerlandstraße

Zuckertüten gab es 1946 für die Schulanfänger

Spaziergang 1948 im Nikolaikindergarten

1948 hatte sich das Leben normalisiert. Christina und Waltraud auf dem Weg zur Georgi-Schule

Laut Stadtchronik wurde im Juli 1949 in der bisherigen Fleischerei Göbel in der Wahlstraße die erste HO-Fleisch- und Wurstwaren-Verkaufsstelle eröffnet. Ein Pfund Leberwurst kostete 22 Mark.

ROLLSTÜHLE FÜR DIE HALBE REPUBLIK

ORTHOPÄDIEMECHANIKER MEISTERTEN ENGPÄSSE MIT IDEENREICHTUM

Durch die Wirren des Zweiten Weltkrieges kam der Orthopädiemechaniker **Max Jüttner** nach Mühlhausen. Los ging es in seiner neuen Heimat am 1. April 1946 in der Linsenstraße. Gebraucht wurden Prothesen, Orthesen sowie Korsette und Stützapparate. Viele Kriegsversehrte, die aus Lazaretten und Kriegsgefangenschaft kamen, mussten versorgt werden. Jüttner war später an den **Steinweg 60** gezogen, wo er Wohnung und Betrieb in einem Gebäude vereinte. Da sich der Betrieb weiterentwickelte, erwarb Max Jüttner das Gebäude am **Steinweg 64**, um seine Werkstatt zu erweitern. 1976 kam der Zusammenschluss mit dem zweiten Mühlhäuser Orthopädiebetrieb, Börner, zu einer Produktionsgenossenschaft (PGH). Anlass des Zusammenschlusses der „Konkurrenten" war, dass in Heiligenstadt ein staatlicher Orthopädietechnikbetrieb aufgebaut werden sollte. Beide Firmen hatten von Mühlhausen aus Kunden im gesamten Eichsfeld versorgt. Dieser Markt drohte wegzubrechen.

Die Neue PGH **Medizintechnische Orthopädie** hatten ihren Sitz in der **Brückenstraße 33** und am Steinweg 64, wo bereits 1978 die Werkstatt für Elektrorollstühle eingerichtet wurde. Von hier aus wurden Importrollstühle ausgeliefert, gewartet und repariert. Ein Service für die Region zwischen Harz und der bayerischen Grenze im Süden sowie von Apolda im Osten bis zur hessischen Grenze. Als weiterer Betriebsteil entwickelte sich die **Jüdenstraße 20**, wo die Schuhtechnik ihren Sitz hatte. Diese entstand dadurch, dass 1982 die damalige PGH **Orthopädie** in die PGH **Medizintechnische Orthopädie** überführt wurde. Sie war zu diesem Zeitpunkt in ihren Räumen in der **Wanfrieder Straße 5 und 6** nicht mehr arbeitsfähig und brauchte bessere Bedingungen. Hinzu kam die Orthopädieschuhtechnik **Otto Ackermann**, die ebenfalls von der PGH übernommen wurde.
Der Alltag war unter planwirtschaftlichen Bedingungen nicht einfach. Die Erhaltung der Gebäudesubstanz war aufgrund fehlender Bilanzanteile immer problematisch. Auch eine kontinuierliche Materialzufuhr war kaum gegeben. Improvisation und Tauschgeschäfte sicherten oft den Betriebsablauf. Da wurden zum Beispiel Fußpassteile gegen andere Materialien getauscht. Letztlich schadeten Beziehungen nur dem, der keine hatte.

Frank Jüttner wollte eigentlich Rundfunk- und Fernsehmechaniker werden. Der Zulassungsschlüssel sah aber nur wenig Ausbildungsplätze vor. Deshalb entschloss sich der junge Mühlhäuser 1963 für eine Lehre im Privatbetrieb seines Vaters, der sich natürlich freute. 1974 bekam er den Meisterbrief und zwei Jahre später führte er mit **Albert Börner** die PGH. 1975 bluteten alle Handwerke personell aus, weil es politisch gewollt war und die volkseigene Wirtschaft auch lohnpolitisch den jungen Menschen bessere Angebote machen konnte.

Bandagisten- und Orthopädie-mechaniker-Lehrlinge 1981

Erst als man merkte, dass ohne die Handwerke die Versorgung der Bevölkerung nicht mehr gesichert war, wurden den Handwerksbetrieben wieder planmäßige Stellen zugeordnet. Das traf auch für die Gesundheitshandwerke zu. Die PGH konnte sich deutlich verjüngen. Viele Lehrlinge von damals sind bis heute im Beruf tätig – als „Meisterriege der Jüttner Orthopädie KG“.

KINDHEIT IM BAHNHOFSVIERTEL

DEN GANZEN TAG AN DER FRISCHEN LUFT UND NIE LANGEWEILE

Hüpfkästchen, Federball, Gummi-Twist, Kreisel drehen, Puppenwagen und Roller schieben. Im Mühlhäuser Bahnhofsviertel war es schon Ende der 40er- und Anfang der 50er-Jahre nie langweilig. „Wir waren den ganzen Tag an der frischen Luft“, erinnern sich **Christina** und **Waltraud Köhler.**

Bei Familie Köhler im Hof, Anfang der 50er-Jahre

Mit dem Ball gegen die Wand werfen, Verstecken oder Fangen spielen, Abzählreime und Ballschule. Bei **Fischer, wie tief das Wasser?** oder **Mutter, wie weit darf ich reisen?** ist die Zeit schnell vergangen. Bis in die Dunkelheit spielte sich das Leben auf der Straße, im Hof oder auf dem Balkon ab. Wenn der Großvater zum Stammtisch ging, durfte auch mal der Wasserschlauch herausgeholt werden. Der war ansonsten tabu für die Kinder. Besonders viel Spaß machte es, nach einem Regenguss an der wassergefüllten Gosse zu spielen. Da verwandelte sich die Kleine Waidstraße in einen Schiffskanal.

Wasser marsch hieß es, wenn der Opa aus dem Hause war

Schiffskanal Kleine Waidstraße, 1951 ein Riesenspaß

Weil die Straße fast ohne Autos und deshalb viel Platz war, spielten die Kinder immer „Treiben“. Zwei Mannschaften warfen sich den Ball so lange hin und her, bis eine den hinteren Straßenrand erreicht und deshalb verloren hatte. Gut in Erinnerung ist auch ein besonders großer Hänger, der voll beladen zunächst mit

Papas Auto war auch ein toller Spielplatz

Nikolaikindergarten in der Lutherothstraße 1956

Pferdestärken und Peitschengewalt in den Hof geschoben und dann nach dem Abladen vor der Tür abgestellt wurde.

Die äußerst große Ladefläche war ein toller Platz zum Spielen. Schade, dass der Hänger meist nicht lange da stand, sondern irgendwann wieder abgeholt wurde.

SENSATION UNTERM PFLASTER

HEIMATFORSCHER ROLF AULEPP BESTIEG IN SIEBEN JAHREN 1600 STÄDTISCHE KELLER

Dass Mühlhausen mehr als 1200 mittelalterliche Kelleranlagen hat, wäre wohl nie komplett erfasst und erforscht worden. Doch 1962 bekam der Mühlhäuser Rolf Aulepp (1913–2008) einen entsprechenden Forschungsauftrag von der Akademie der Wissenschaften der DDR. Der damalige Mühlhäuser Stadtarchivar **Dietmar Lösche** hatte die Anregung zur Erforschung der Tonnenkeller gegeben. Von null brauchte Aulepp nicht zu beginnen. Er hatte bereits Gebäude und Kirchen vermessen – und die dazugehörigen Keller bereits untersucht. Von 1962 bis 1969 bestieg Aulepp nahezu 1600 Keller im Stadtgebiet, von denen 800 hauptsächlich dem Mittelalter (um 1500) und 400 dem 16./17. Jahrhundert. sowie weitere 350 der anschließenden Zeit des 18. und 19. Jahrhunderts zuzuordnen sind. Diese Steinbauten aus dem 13. bis 19. Jahrhundert hatten alle Stadtbrände überdauert – sie wurden immer wieder überbaut. Daneben gab es in der wirtschaftlichen Blüte im 15./16. Jahrhundert immer wieder große Neubaukeller. Mühlhausen war daher ein Idealfall für Forschungen auf diesem Spezialgebiet. Aulepp fand raus, dass sich in seiner Heimatstadt die Keller aufs gesamte Stadtgebiet verstreut befinden. Sie wurden im Winterhalbjahr zum Wohnen, Schlafen und Arbeiten genutzt, als Lager für Vorräte und Getränke und als Markthalle. Rolf Aulepp hat über die Kellerforschung die Orte erkundet, wo die meisten Menschen lebten, hat erkundet, ob sie in der Landwirtschaft, im Handwerk oder Handel tätig waren. Eine herausragende Arbeit! Mit seiner Kellerforschung hat er wesentliche Grundzüge der Mühlhäuser Stadtentwicklung aufgezeigt. So auch die Entwicklung der Alt- und Neustadt mit der wahrscheinlichen via triumphalis, die vor dem Bau der Stadtmauer vom Blobach bis zur Grasegasse als breite königliche Einzugsstraße diente.

So werden wir Rolf Aulepp in Erinnerung behalten. Im Garten seines Hauses in der Eisenacher Straße

Eines der untersuchten Tonnengewölbe, Güldene Ecke 5

Die seit dem 13. Jahrhundert entstandenen Steinkeller waren gewölbt und aus Travertin, somit in guter Qualität. Auf der Suche nach derartigen Tonnenkellern musste Aulepp vor allem erst einmal deren Besitzer überreden, ihn „unter die Häuser" zu lassen. Da Keller zu DDR-Zeiten noch genutzt wurden, war es für Aulepp durchaus eine Herausforderung, ihre Nutzer vom Wegräumen von Kohlen, Kartoffeln, Eingewecktem oder Alkohol zu überzeugen. Aulepp hat die Keller vermessen und Skizzen angefertigt. Er hat die unterirdischen Bauwerke in sechs verschiedene Altersgruppen unterteilt. Für jedes Hausgrundstück schrieb er einen Bericht, in dem er den Keller beschrieb, datierte und weitere Angaben zu Bodenaufschlüssen, Hausbrunnen sowie Chroniknachrichten oder gar Sagen über das Haus erfasste. Aulepp trug alle untersuchten Keller in einen Stadtplan ein und zog aus deren Verteilung im Stadtgebiet weitere Schlüsse zur Stadtentwicklung und -besiedlung. Er stellte auch 153 Hausbrunnen in den Kellern fest.

OHNE DACH ÜBERM KOPF

MÜHLHÄUSER STADTKIRMES WURDE AUF DER STRASSE GEFEIERT

Stühle und Tische raus. Noch in den 50er- und 60er-Jahren gab es keine Kirmeszelte, sondern lange Tafeln im Freien. Straßenkirmes machte ihrem Namen alle Ehre. Gefeiert wurde überall, wo Platz für Tisch und Stühle war. Damals schossen die Kirmesgemeinden wie Pilze aus der Erde. **Weg zum Eigenheim** (1954), **Untere Windeberger Straße** (1957), **Feierabend** (1948), **Mittlere Wanfrieder Straße** (1948) entstanden neu. Gefeiert wurde aber auch in der **Güldenen Ecke, Querstraße, Sackgasse, Jockserviertel und Herrenstraße.**

Kaffeetafel unter freiem Himmel bei der Kirmesgemeinde Frohsinn

Kinderkirmes fand in der Kleinen Waidstraße statt

Das Fest breitete sich weiterhin auch außerhalb der bestehenden Kirchgemeinden aus und verlagerte sich in viele Stadtviertel und Straßenzüge. Wochen vor der Kirmes erklangen allerorts Lieder, Kirmestänze wurden zelebriert. Kinder und Jugendliche waren mit der Fertigung von Kirmesketten aus Tapetenresten beschäftigt. Dafür wurde in den Bäckereien **Kehrmehl** erbettelt, was zur Anmischung des Klebstoffs diente. Am Samstag gingen die Männer in den Wald, um die Kirmesbäume zu schlagen und um sie dann an den Ort des Geschehens zu schaffen. Es folgte die Ausschmückung von Baum und Straße. Die Frauen sorgten indes für das leibliche Wohl. An den langen Kaffeetafeln in den verschiedenen Straßenzügen wurde feuchter und trockener Kuchen gereicht. Der **Zwetschgenkuchen** ist dabei der kirmestypische Klassiker, der sich bis in die Neuzeit erhalten hat. Jede Gemeinde besaß einen Kirmesbürgermeister und einen Gemeinderat, welcher heutzutage als Vorstand bezeichnet wird. Im Anschluss folgten die **Kirmeskreise** und **Kirmeslieder** der Kinder. Am Abend gehörte die Straße den Erwachsenen, die wiederum mit Liedern und Tänzen der Kirmes frönten. Auch in Tanzlokalen und Gasthäusern fanden die Feiern vom Nachmittag eine Fortsetzung. Nach wenigen Stunden Schlaf ertönte der Lärm der gemeindeeigenen **Trommlerzüge** in der Morgendämmerung. Der große Festumzug begann von jeher am Kirmessonntag um 11 Uhr. Trachtengruppen, geschmückte Festwagen, kostümierte Kinder wurden von Trommler- und Spielmannszügen begleitet. Nachmittags warteten auf die Kinder kleine Geschenke beim **Hahnenschlag**. Tradition war und ist der Besuch der Schausteller am **Blobach**, die mit Fahrgeschäften und Schießbuden das Fest bereichern. Vor den abendlichen Feiern stand und steht der **Lampionumzug** als weiterer Höhepunkt. Dabei ziert ein Meer von Lichtern die Straßen unserer Stadt.

Kirmestanz in der Holzstraße

Mit den Jahren verschwand die klassische Straßenkirmes zu Gunsten der Zeltkirmes. Einige Gemeinden errichteten Festbauten, die auch außerhalb der Saison zur Verfügung stehen. Veranstaltungen folgten nun auch zunehmend innerhalb der Woche. Viele Kirmesgemeinden stärkten den Zusammenhalt, indem Wanderungen, Ausflüge, Versammlungen und Feiern sonstiger Art die Zeit zwischen den Jahren verkürzten. Der Festumzug bekam zu Zeiten der DDR neben dem Schaucharakter auch eine kritische Komponente. Mängel im System wurden mehr oder weniger offen kritisiert. Defekte Dachrinnen, geschlossene Tankstellen oder Schlaglöcher in den Straßen wurden in den 80er-Jahren thematisiert.

FIDELES GEFÄNGNIS

AM UNTERMARKT WAR SOGAR MAL EIN LANDGERICHT

Seit Mitte des 19. Jahrhunderts gab es bereits ein Gericht am Untermarkt. 1834 war das bis dahin im Rathaus untergebrachte Land- und Stadtgericht ins Haus Nummer 507 (heute 17) gezogen. 1855 kaufte der preußische Justizfiskus das linke Gebäude dazu, das bis dahin die **Gaststätte „Wilder Mann"** beherbergte. Beide Gebäude wurden 1858 zu einem umgebaut. An dessen Südseite entstand ein Gefängnis mit Keller und drei Stockwerken. Ab 1929 wurde letztmalig umfangreich saniert und gebaut. Bis 1932 entstanden eine einheitliche Fassade und im Hof ein langer Seitenflügel mit einem

Querhaus. 1935 ging der Komplex ins Eigentum der Reichsjustizverwaltung über. Von 1945 bis 1948 besetzten sowjetische Truppen das Gebäude, das ab 1949 als **Landgericht** genutzt und als solches 1952 wieder geschlossen wurde. Noch im selben Jahr nutzte man das Gebäude wieder als **Kreisgericht**. Diesen Status hatte es bis 1993.

Der **Volksaufstand 1953** bleibt vielen Menschen in Mühlhausen in Erinnerung. Die Demonstration fand auf dem Untermarkt vor dem Gerichtsgebäude statt. Eine Hinweistafel am Gebäude erinnert seit den 90er-Jahren an Unrecht in den Nachkriegsjahren.
„An diesem Ort wurden durch den sowjetischen Geheimdienst von 1945–1948 Unschuldige eingekerkert und gefoltert oder zum Tode verurteilt."

Das Kreisgericht (links) in den 80er-Jahren

1957 erfolgte ein Wechsel in Rechtsträgerschaft der Justizverwaltungsstelle Erfurt. Die lange Zeit dort untergebrachte **Nationale Volksarmee** (NVA) verließ in diesem Zeitraum das Gebäude und überließ die Räume der **Freien Deutschen Jugend** (FDJ), die wie die Staatsanwaltschaft 1990 auszog.

Im Gerichtshof befand sich ein Gefängnis, das im April 1949 für Schlagzeilen sorgte. Nicht nur in der Johann-Strauß-Operette **Die Fledermaus** sondern auch in Mühlhausen gebe es ein **fideles Gefängnis**. Dieses werde anscheinend von einem ortsansässigen Großhändler dirigiert, der allerdings Insasse war und eine Strafe wegen eines unter Alkoholeinfluss verursachten Verkehrsunfalls absaß. Zumindest laut Akte sollte er hinter Schloss und Riegel sein. Doch soll er von aufmerksamen Mühlhäusern beim Kartoffelauflesen beobachtet worden sein – natürlich als Teil eines Häftlingsarbeitskommandos, das ausgerechnet in dessen eigener Großhandelsfirma eingesetzt war. Der aufmerksame Beobachter will laut Zeitungsartikel auch festgestellt haben, dass der Strafgefangene zwar von einem Justizwachtmeister bewacht worden sei, er selbst aber soll den „Inspektor" gemimt haben. Der Autor des Artikels war sich sicher: Die vornehmliche Tätigkeit des Häftlings habe hauptsächlich darin bestanden, dass der Mann sich Zigaretten rauchend in den Stühlen seines Büros räkelte und tüchtig angab. Seinen für ihn arbeitenden Mitgefangenen soll er großzügig Zigaretten und Bier spendiert haben.

ERNST DES LEBENS

ANFANG SEPTEMBER GAB ES IMMER ZUCKERTÜTEN

Weil die Sommerferien immer acht Woche dauerten und bis Ende August gingen, stand Anfang September jedes Jahres die Einschulung der **Abc-Schützen** an. Die Schule, die sie zum ersten Mal betraten, war seit Ende der 50er-Jahre die zehnklassige, allgemeinbildende Polytechnische Oberschule (POS). Der 1959 beschlossene Aufbau dieser POS war Mitte der 70er-Jahre im Wesentlichen abgeschlossen. Sie ersetzten die zuvor vorhandenen Grund- und Oberschulen sowie davor die Jungen- und Mädchenschulen. In Mühlhausen entstanden aus den bis 1965 bestehenden Schulen die POS I (Georgi I, später Rosa Luxemburg), POS II (Georgi II, Karl Liebknecht), POS III (Thomas Müntzer), POS IV (Martini, Ernst Thälmann), POS V (Petrischule, Hans Beimler), POS VI (Rosenhof), POS VII (Nikolai 2 Johannes R. Becher) POS VII Hermann Matern.

Nur Mädchen gingen 1949 in die 4b der Georgischule

Auch in der DDR gab es keine völlig neuen Einschulungsrituale. Das Traditionelle hatte Bestand: **Zuckertüten** im Stil der Modelle aus den 30er-, 40er-Jahren gehörten ebenso dazu wie festliche Kleidung und der neue **Schulranzen**, der zumeist aus dem **Mühlhäuser Lederwarenwerk** war. Die Eltern, oft zudem noch die Großeltern, nahmen am ersten Schultag teil, der häufig mit Vorträgen und Musizieren der Schüler aus der letzten ersten Klassen sowie einer Kaffeetafel für Eltern und Großeltern verbunden war. In der **Georgi-Schule II** gab es in den 70er-Jahren zum Beispiel das Spielstück „Das Rübchen“, das in der Schulaula aufgeführt wurde.

Erstklässler der Wilhelm-Pieck-Oberschule mit Lehrerin Eva Settmacher 1972

Die erste Klasse 1987 in der Juri-Gagarin-Oberschule in der Damaschkestraße

Gefeiert wurde zu Hause, selten in einer Gaststätte. Viele Kinder bekamen sogar mehrere Zuckertüten, weil Paten und Freunde die Schulanfänger ebenfalls mit Süßigkeiten überraschen wollten. Die Kinder verbargen dann die über Wochen gesammelten Schätze. Ein Erinnerungsfoto beim Fotografen war ein Muss. Später wurden auch gelegentlich Amateurfilme gedreht.

Die Einschulung war mit einer klassenweisen Aufnahme in die **Pionierorganisation Ernst Thälmann** verbunden. Die Pionierkleidung aus weißer Bluse, Rock oder Hose sowie blauem Halstuch hing bald im Kleiderschrank eines jeden Schulanfängers. Lernen wurde auch definiert als Beitrag der Schüler zu Weltfrieden und Sozialismus.
Die Verbindung zwischen Schule und Arbeit war recht eng. Die Schüler besuchten ihre **Patenbrigade** nicht nur am Arbeitsplatz, sondern diese begleitete die Schüler während der gesamten Schulzeit. Gute Schüler konnten von der Patenbrigade zum Schuljahresende ausgezeichnet werden. Manchmal wurden betriebliche Ferieneinrichtungen von den Schülern für **Klassenfahrten** genutzt.

WICHTIGE VERBINDUNG

DIE AMMERBRÜCKE WURDE 1965 UMGEBAUT

Eine wichtige Verbindung stellte die 1904 erbaute Ammerbrücke dar. Ob zu Fuß oder auf Rädern, wer über die Unstrut wollte, konnte diese Brücke benutzen.

So sah die Brücke zwischen 1904 und 1964 aus

Während die Wagenstedter und die Eisenbahnbrücke kurz vor Kriegsende 1945 zerstört wurden, überstand das Eisenkonstrukt die schweren Zeiten. Die großen Bögen waren für Kinder verlockend. Insbesondere, weil es strengstens verboten war, wurde so mancher Balanceakt hier vollzogen. 1965 und 1966 wurde sie abgerissen und erneuert.

1965 sind die Arbeiten voll im Gange

Im 15. Jahrhundert wurde sie bereits urkundlich erwähnt. Am 9.5. 1582 wurde die Brücke dann nach einem Unwetter durch das Hochwasser zerstört. Auch später gab es durch das Unstruthochwasser immer wieder Schäden an der Brücke. 1715 wurde die Ammerbrücke erneut komplett erneuert. 1803 berichtet die Chronik, dass der Kaufmann Pfannschmidt bei einem Unwetter vor der Ammerbrücke mit seinem Fuhrwerk von der Straße abkam. Wagen und Pferde stürzten in die Unstrut und die Pferde ertranken. Am 5.12. 1904 wurde dann die neue Stahlbogenbrücke übergeben.

KIRMES-OB BEUBLER

EINEM VOGTEIER GEFÄLLT DIE STADTKIRMES

In Mühlhausen müssen viele kirmesverrückte Familien leben. Nur deshalb existiert das deutschlandweit einmalige Fest noch immer. Doch nicht jedem kann die Kirmes in die Wiege gelegt werden. So war es auch bei **Gerhard Beubler**. Der wurde 1915 in Langula geboren und zog Ende der 40er-Jahre nach Mühlhausen. 1950 lernte er seine spätere Ehefrau kennen. Weil sie seit ihrer Kindheit in der Kirmesgemeinde Ammerbrücke aktiv war, lernte er die Kirmes kennen. Es dauerte nicht lange, und er war ebenfalls ein Kirmesfreund. Doch dabei blieb es nicht: Anfang 1968 wählte man ihn sogar zum Kirmesbürgermeister der Kirmesgemeinde Ammerbrücke.

Im Vordergrund von links: Stadtrat für Kultur, Fuchs, dann die drei Kirmesoberbürgermeister Günter Würfel (ab 1968), Gerhard Beubler (1972–2010) und Alfred Daßler (rechts hinter Beubler)

Kirmesfestzug: Ganz Mühlhausen war auf den Beinen. Im Vordergrund: Kirmes-OB Gerhard Beubler (2. von rechts) und Bürgermeister Günter Gabriel (1. von links)

Das bedeutet, er regierte während der einwöchigen Stadtkirmes die ganze Stadt. Leider erkrankte er 1972 schwer und verstarb im Juli desselben Jahres im Alter von nur 57 Jahren. Die Kirmesidee lebt in der Familie Beub-

Zur Kirmes-Musik-Schau 1970. Kirmes-OB Beubler war auch wieder dabei

ler weiter: Tochter **Renate Schmalz** und Sohn **Jürgen Beubler** sind aktive Mitglieder der 1928 gegründeten Kirmesgemeinde. Schwiegersohn **Klaus Schmalz** wurde 1986 deren Bürgermeister.

„AUUTOO!"-RUFE AM STADTBERG

MIT DEM SCHLITTEN QUER ÜBER DIE STREUOBSTWIESE

Vom Stadtberg gab es im Winter und bei Schneefall verschiedene Abfahrtsmöglichkeiten. Ein Weg führte vom **Stadtberg-Restaurant** hinunter. Ein anderer verlief quer über die auch heute noch bestehende Streuobstwiese. Besonders Kinder erinnern sich an die Winterrodelbahn von der Windmühle in gerader Linie bis zur Verbindung **Lutheroth-Frohne-Straße**.

Platz genug war fürs Rodelabenteuer im Winter

Dort, wo sich die wilden Hecken aus Pflaumen und Apfelbäumen befinden, gab es eine lange durchgehende Bahn. Diese wurde ab dem ersten Schnee fürs Rodeln, Rutschen und ansonsten zum Rollern bis zur Kreuzung Kettengasse/Spielbergstraße genutzt. Ganz gut trainierte Jungen fuhren auf ihren scharfkantigen Schlittschuhen vom Stromhäuschen herunter und sprangen über eine selbstgebaute Schanze drei bis sechs Meter durch die Luft. Kraftfahrzeuge waren selten. Wenn sich doch einmal eins „ungebührlich" näherte, warnten die Kinder sich gegenseitig durch den lang gezogenen Ruf „Auutoo", der sich bis zum Hang hinauf „fortpflanzte". Eine Kollision zwischen einem Schlitten und einem Auto ist nicht überliefert. Der Paragraf 1 der STVZO „Vorsicht und gegenseitige Rücksichtnahme" war deshalb keine Floskel, sondern wurde instinktiv von beiden Parteien befolgt.

Eigentlich gab es noch eine zweite Bahn. Diese wurde aber vom Hausmeister des „Stadtberges" kräftig gestreut. Wenn der Hausmeister, der den Spitznamen **Stippelchen Fürst** trug, unten mit Streuen fertig war, nahmen die Kinder aus dem Wohnviertel ihre Schildmützen und fegten das Streugut, ein Kohlenschlacke-Gemisch, wieder von der Bahn. Es entwickelte sich ein Kampf gegen Windmühlen, denn die Bengels waren natürlich schneller als der Hausmeister. Dass das nicht ganz fair war, wissen die inzwischen längst erwachsenen Schlittenkünstler.
Die Bahn war – wenn sie zu befahren war, etwas für Könner. Denn es gab am unteren Ende eine ganz scharfe, risikoreiche 120-Grad-Kurve.
Durch einige Raffinesse gelang es den Kindern, von zirka 14 Uhr bis zum Einbruch der Dunkelheit gegen 17 Uhr die Bahn zu nutzen.

Auf diesem Weg vom Stadtberg wurde im Winter auch gern gerodelt

Und weil Schlitten eine teure Angelegenheit waren, rutschten manche auf Kuchenblechen oder Autoreifen nach unten. Die niedrigen Gitter am Wegesrand gab es in den 50er-Jahren noch nicht. Sie sind erst in den 70ern eingebaut worden.

Diese Bahn, wie auch die in der Stadbergstraße wurden inoffiziell geduldet, war doch die behördlich vorgesehene Rodelbahn vom Roten Haus bis Spittelbrunnen und am Holzackerweg „ein Witz", so die ehemaligen Schlittenfahrer.

ABRISS GOETHEHÄUSCHEN

PLATZ FÜRS SOZIALGEBÄUDE DES RÖHRENWERKES

Das kleine Häuschen am Lindenbühl gehörte viele Jahre zum Stadtbild. Die Mühlhäuser nannten es liebevoll **Goethehäuschen** oder **Bachhaus**, obwohl es mit beiden Persönlichkeiten nichts zu tun hatte. Am Lindenbühl hatten, wie **An der Burg** und am **Kiliansgraben**, früher reiche Innenstadtbürger ihre Gartenhäuser, die dann später oft als Wohnhäuser genutzt wurden.

Goethehäuschen Südansicht 1956

Erst Ende des 19. Jahrhunderts entstanden dann rings um die Stadtmauer die zahlreichen Unternehmervillen, die kleinen oder größeren Gartenhäuser verschwanden überwiegend.
Vor und während des Zweiten Weltkrieges war das Goethehäuschen das Privathaus des Oberstleutnants Ehrenberg, der später noch General wurde. Nach dem Zweiten Weltkrieg wohnten Evakuierte dort, die später in den Westen gingen.

Ab 1952/1953 war dort der Betriebskindergarten des **VEB Röhrenwerkes** untergebracht. Bereits seit 1953 existierten Pläne zum Bau eines Kultur-

Kinder, die den Betriebskindergarten besuchten (1954)

Märchenhörstunde (1954)

und Sozialgebäudes. Zunächst gelang es nicht, den Entwurf von **Walter König** in den Investitionsplan aufzunehmen. Vordringlich war die Errichtung neuer Produktionsstätten. **„Erst besser arbeiten, dann besser leben"** hieß der Leitspruch.

1959 wurde das denkmalgeschützte Gebäude schrittweise abgerissen, da es Platz machen sollte fürs Sozialgebäude des Röhrenwerkes. 1960 wurde mit dem Neubau begonnen. Das neue Gebäude diente der Pausenversorgung und der sozialen Betreuung der Werktätigen. Am 27. Januar 1962 konnte das Sozialgebäude übergeben werden.

Das Sozialgebäude (1972)

Im Hochparterre befand sich die **HO-Verkaufsstelle**, nebenan Zirkel- und Klubzimmer und die Werksbibliothek. Vier gleich große Räume bekam der Betriebsarzt zur Betreuung der Werktätigen. Der große Speisesaal hatte eine Fläche von 350 Quadratmetern. 300 Belegschaftsmitglieder konnten hier gleichzeitig ihr Mittagessen einnehmen. Im Untergeschoss befand sich die Küche, die durch zwei Fahrstühle mit der Vorhalle des Speisesaales verbunden war. Da das Haus auf der Rückseite auch noch eine Terrasse hatte, konnten dort bei gutem Wetter weitere 25 Kollegen ihre Speisen einnehmen. Im Keller gab es sogar eine Sauna. Mit einem Estradenkonzert wurde das neue Gebäude in der **Leninstraße** offiziell eingeweiht.

Der neue Betriebskindergarten befand sich in der Claeschen Villa in der Straße der **Deutschen-sowjetischen Freundschaft**, kurz „DSF" genannt.

MIT NACHBARN, SPORTFREUNDEN UND KOLLEGEN

EINEN GRUND ZUM FEIERN GAB ES EIGENTLICH IMMER

Fasching, Rosenmontag, Tag der Volksarmee (1. März), Frauentag (8. März), Kampftag der Arbeiterklasse (1. Mai), Tag der Befreiung (8. Mai), Taufe, sozialistische Namensgebung, Jugendweihe, Konfirmation, Erstkommunion, Firmung, Kindertag (1. Juni), Männertag, Betriebsfest, Brigadeausflug, Tag des Lehrers, Tag des Bauarbeiters, Tag des Metallarbeiters, Tag des Bergmannes, Tag des Textilarbeiters, Tag des Mediziners, Piониergeburtstag, Tag der Republik, Zuckertütenfest, Schulanfang, Schulende, Schulabschlussball, Tanzstundenabschlussball, Sportvereinsjubiläum, Feuerwehrfest, Schlachtfest, Wohngebietsfest, Spartenfest, Brunnenfest, Holzfahrt, Kirmes, Silvester, Hochzeiten und weitere Jubiläen, alles Gründe zum Feiern.

Hinzu kamen die kirchlichen Feste zu Weihnachten und Ostern, zu Pfingsten oder Himmelfahrt. Zum Feiern gab es immer irgendetwas in Mühlhausen.

Jugendweihe 1960

Erstkommunion 1975

Auch der Nikolaus wurde am 6. Dezember in vielen Familien sehr lebendig und kehrte abends mit Rute und Süßigkeiten bei den Familien ein. Meist hatte sich ein Familienmitglied Mantel und Maske sowie ein „Alibi" seines tatsächlichen Aufenthaltes verschafft und spielte den Nikolaus.

Wie schon gesagt: Einen Grund zum Feiern gab es im DDR-Alltag immer. Nicht zu vergessen Bockbierfest, Hubertusfest, Brigadefeier. Der Terminkalender der werktätigen Familien war gut gefüllt. Diese Feiern fanden in Kindergärten, Schulen und Betrieben oder eben auf der Straße, in der guten Stube, bei den Nachbarn, in der Kleingartensiedlung, im Sportverein oder in der Gaststätte statt. Geselligkeit stand hoch im Kurs, auch an den Zusammenhalt erinnert man sich gern. Man kannte sich untereinander im Wohnblock, in der Straße, in der Wohnsiedlung.

Schul- und Wohngebietsfest am Forstberg in den 70er-Jahren

Der Fröbel-Kindergarten erhielt 1975 seinen Namen, und der Schulchor der POS-Wilhlem-Pieck war dabei

Man stand gemeinsam in der Schlange in der Kaufhalle oder beim Bäcker. Man fuhr im Bus oder lief gemeinsam zur Arbeit. Man stand gemeinsam an Haltestellen oder Bahnsteigen.

Man schrieb sich Ansichtskarten, wo immer man sich aufhielt. Und sei es nur aus dem Urlaub im Thüringer Wald, aus dem Bungalow in Ershausen oder dem Ferienlager in Kammerforst.

Man traf sich zu Kaffeekränzchen oder Stammtischen.

Es gab Wohngebietskneipen und Spartenheime, Getränkestützpunkte und Kioske. Dorthin ging man auch mal ohne einen Grund zum Feiern.

Die Hausgemeinschaft Ammerlandstraße feiert Silvester im Goldenen Stern

Kinderfasching in der Forstbergkrippe 1967

Unten: Hahnenschlagen am Forstberg Ende der 60er-Jahre

STAMMTISCHIDEE

VOM PLATZKONZERT ZUR MUSIKSCHAU

Bei einem Glas Bier in der **„Hopfenblüte"** am Untermarkt wurde nicht nur über die musikalische Entwicklung der Spielleute gefachsimpelt. Es gab auch Überlegungen, die traditionelle Spielleutemusik zur Mühlhäuser Kirmes populärer zu machen. Am Stammtisch nach den Übungsstunden hatten **Rolf Melle** und **Erhard Güttner** die Idee, mit einem Platzkonzert den vielen Spielmanns- und Trommlerzügen in der Stadt eine Auftrittsmöglichkeit zu verschaffen. Bis dahin spielten sie in ihren Kirmesgemeinden und in der Nachbarschaft. Jeder für sich allein und ohne großes Publikum.

Die Mühlhäuser Spielleute hatten sich republikweit einen Namen gemacht, bei Bezirksmeisterschaften, Pokalwettkämpfen und DDR-Bestenermittlungen gewonnen. Dadurch entstanden zahlreiche Freundschaften zu anderen Zügen, von denen die Stadt Mühlhausen ebenfalls profitieren sollte. Die Spielleute aus Apolda waren die ersten Kirmesgäste, die am 4. und 5. September 1965 als „private Gäste" der Kirmesgemeinde „Spielmannszug" in Mühlhausen weilten. Ihre Kirmesauftritte beschränkten sich aufs **Wecken**, sonntags um 6 Uhr, und den Festumzug. Doch den Einheimischen gefielen diese Gastspiele. Deshalb wurden 1966 gleich mehrere Klangkörper eingeladen: „Chemie Apolda", „Traktor Luisenthal", „Traktor Taucha", „Narva Berlin" und der Schalmeienzug „Dynamo Hohenschönhausen".

Musikschau auf dem Obermarkt 1970. Kirmes-OB Gerhard Beubler begrüßt die Spielleute

Die Stammtischidee der Spielleute **Erhard Güttner** und **Rolf Melle** wurde Wirklichkeit. Am Kirmessamstag um 15 Uhr gab es erstmals ein fast zweistündiges Platzkonzert auf dem Obermarkt. Jeder Gastverein bekam aus den Händen von **Rolf Lorenz**, Chef der Kirmesgemeinde „Spielmannszug", eine Minitrommel mit Tambourstab und ein Gravurschild auf einer Holzkonsole. Die heimische Kirmesgemeinde kümmerte sich auch um die Bewirtung und Unterkunft der Gäste. Gefeiert wurde damals im Saal des ehemaligen Hotels **König von Preußen** am Kornmarkt/Ecke Ratsstraße. Beim Festumzug trug jeder Spielmannszug ein Stadtwappen, das Rolf Melle gestaltet hatte. Ein Jahr später kam es zum 2. Platzkonzert. Dieses Mal ging es um 15.30 Uhr los. Neben den Spielleuten aus Luisenthal und Mittenwalde war erstmals das Musikkorps des Wachregimentes Berlin dabei.

Zur Musikschau wurde auch der Steinweg (1970) genutzt

Das Wachregiment 1974 auf dem Weg zum Auftritt

Da der Teilnehmerkreis immer größer wurde, reichte der Platz auf dem Obermarkt nicht mehr aus. Ab 1980 wurde der **Untermarkt** fürs musikalische Stelldichein genutzt. Dort musste der Straßenverkehr gestoppt werden und eine Vollsperrung erfolgen. Auch die Zahl der mitwirkenden Kapellen erhöhte sich von Jahr zu Jahr. Neben den Erwachsenenzügen von **Lok**, **Medizin** und **Sachsensiedlung** nahmen auch Nachwuchszüge teil. Bis zu 20 Orchester gestalten bis heute die Musikschau, die immer zur Eröffnung stattfindet und alljährlich die Massen in die Innenstadt lockt. Für Unterkunft und Verpflegung sorgen mittlerweile verschiedene Kirmesgemeinden. Ihnen ist es zu verdanken, dass Mühlhausen nicht auf den beliebten Ohrenschmaus verzichten muss.

LESERATTEN WILLKOMMEN

ERST NUR AM SCHALTER, DANN PER SELBSTBEDIENUNG

Kalt war es 1945 im **Puschkinhaus**. In ungeheizten Räumen und mit klammen Fingern füllten Leiterin **Grete Walter** und Assistentin **Fräulein Krause** die Karteikästen. Bücher waren für viele Mühlhäuser ein Trost in schwierigen Zeiten. Nach 1945 waren zunächst der Buchbestand entsprechend der Indexliste des alliierten Kontrollrates intensiv geprüft und militaristische sowie nazistische Literatur ausgesondert worden. 1946 erfolgte die Umsiedlung in das ehemalige Haus der Kultur am **Lindenbühl**, wo sich die Bibliothek bis 2004 befand (bis 1945 Kreisleitung der NSDAP, heute Museum). Zwischen 1950 und 1951 erfolgte mit zwölf Monaten Dauer eine

Ansturm in der Kinderbibliothek Ende der 50er-Jahre

nochmalige Bestandsreinigung – einige antidemokratische Werke hatten diese ausgelöst.
Ab 1950 leitete **Hans-Joachim Weinert** (1911–1995) die Bibliothek. Ab 1951 gab es neben der **Stadtbibliothek** eine eigenständige **Kinderbibliothek** im Pionierhaus. Zu Beginn der 50er-Jahre waren oft zwei Drittel deren Bestandes ausgeliehen. Auch hier gab es wie am Lindenbühl keinen Freihandverkehr, sondern eine Theke, an der man seine Wünsche äußern konnte. Oft bekam man nur ein Exemplar der gewünschten Bücher und konnte sich für weitere Bücher auf eine Warteliste setzen lassen.

Im Leseraum gab es 1953 eine begrenzte Anzahl von 800 Büchern, zehn Tageszeitungen und 30 Zeitschriften, die nur vor Ort gelesen werden durften. Der Handbestand war oft nicht ausreichend. Ans Regal treten und selbst nach Büchern suchen war erst ab 1969 möglich.

1958 hatte die Kinderbibliothek 901 Leser. Hinzu kamen 3186 Leser in den 21 Gewerkschaftsbüchereien in den Betrieben. In der Stadtbibliothek arbeiteten1954 drei Bibliothekare und vier Bibliothekenhelfer. 10 000 DM standen zum Neuerwerb von Büchern zur Verfügung. Ab 1958 gab es sogar einen Katalog in einer Auflage von 1500 Exemplaren, der den Lesern den Zugang zum Buchbestand erleichterte.

Blick in den Lesesaal der Bibliothek

Jeden Monat fanden literaturpropagandistische Veranstaltungen statt. Die **Woche des Buches** und **Tage des Buches** sowie die **Mühlhäuser Literaturwettbewerbe** (1971–1974) sind vielen sicher noch in guter Erinnerung.

Werbung für die Tage des Buches, hier am Steinweg

Aber auch Lesungen und Vorträge gab es reichlich. Im Oktober 1969 war es endlich so weit: Die Freihandausleihe öffnete. Der Lesesaal wurde aufgelöst und die Ausleihe in den Flur verlegt. Für die echten Leseratten ein Segen, da

Betriebsausflug der Bibliothekare zu Schloss Pillnitz

ungehinderter Zugang zu den Bücherregalen – die Schalterausleihe war endlich Geschichte.

DACHGESTÄNGE VERSCHWANDEN

WOHNGEBIETE OHNE TELEFON – DAFÜR ABER MIT MÜNZFERNSPRECHERN

Ende Mai 1945 hatten 1190 Personen und Betriebe einen Telefonanschluss, 1949 dann schon 1537 und 1959 immerhin 2530. Ab 1964 war ganz Mühlhausen so ausgerüstet, dass innerhalb der Stadt selbst gewählt werden konnte, ohne eine Vermittlungsstelle zu nutzen. 1961 hatten noch **40 Telefonistinnen** im Fernamt Mühlhausen am Obermarkt gearbeitet und rund eine Million Ferngespräche vermittelt.
Am 1. Dezember 1964 wurde ein neues Knotenamt für Fernmeldeverkehr in Betrieb genommen, damit war Selbstwählfernverkehr möglich und die **Dachgestänge** auf verschiedenen Gebäuden verschwanden. 1966 hatte es noch 49 von diesen gegeben.

Kleines Gestänge auf dem Dach der Post

An diesen Konstruktionen waren die Telefonleitungen von Dach zu Dach befestigt. Für die Fernmeldebauer bedeutete das: Gefährliche Situationen bei der Arbeit auf dem Dach, undichte Dächer, schöne, aber auch weniger angenehme Bekanntschaften mit Hauseigentümern und Bewohnern. 1968 war die ganze Stadt verkabelt, die letzten oberirdischen Telefonleitungen und Dachgestänge wurden abgebaut. Es gab mittlerweile 2645 Rufnummern.

Ab 1970 konnte man aus der Telefonzelle auf dem Karl-Marx-Platz Ferngespräche im Selbstwählfernverkehr in zahlreiche Orte der Bezirke Erfurt, Gera und Halle ausführen.
Der Mangel an Telefonanschlüssen wurde besonders Ende der 60er- und in den 70er-Jahren deutlich, als immer mehr Wohngebiete entstanden, die aber „fernsprechmäßig“ nicht erschlossen waren. Immer wieder mussten Antragsteller enttäuscht werden. Ein erster Lichtblick war die **Teilvermittlungsstelle Aue**, die 1974 immerhin für 278 Wohnungen einen Telefonanschluss bedeutete. Ein Jahr später kamen weitere 300 Anschlüsse dazu.

Das Wohngebiet **Forstberg** war völlig ohne Telefonverbindung. Dort waren 1440 Wohnungen gebaut worden, deren sämtliche Bewohner bis 1975 aufs Telefon warten mussten. 824 bekamen in Vorbereitung auf den IX. Parteitag der SED (1976) dann doch noch einen Anschluss. Aus Mangel an „vollwertigen" Telefonanschlüssen wurden 1985 160 **Zeitgemeinschaftsanschlüsse** installiert. Diese Telefone konnten nur von 16 bis 7 Uhr genutzt werden und waren vor allem für die werktätige Bevölkerung gedacht. Ab Februar 1980 konnte man von Mühlhausen mit 40 Staaten direkt telefonieren, das Fernamt wurde 1981 aufgelöst.

1983 gab es in und um Mühlhausen 84 Münzfernsprecher. Die Telefonzellen waren gut genutzt. Wer keinen gutwilligen Nachbarn mit Telefonanschluss hatte, war aufs öffentliche Telefonieren angewiesen. Das leidige Problem war das nötige Kleingeld, schließlich waren die **grauen Münzfernsprecher** keine Wechselautomaten, wie es auf jedem Apparat schwarz auf grau zu lesen war. Ganz oft rutschten die Münzen durch, ohne dass eine Gesprächsverbindung zustande kam. Diese Telefonzellen waren oft auch nicht brauchbar. Allein sechs wurden im Jahre 1981 von einem jungen Mühlhäuser beschädigt und außer Betrieb gesetzt. Dafür wurde er vom **Kreisgericht** zu acht Monaten Haft wegen Rowdytums verurteilt und sofort ins Gefängnis gesteckt.

In solchen Zellen wurde telefoniert

Anstelle von Telefonaten gaben wir in eiligen Angelegenheiten gern Telegramme auf. 1984 wurden in Mühlhausen 72 100 Telegramme übermittelt. Jeder erwachsene Einwohner hatte statistisch immerhin zwei Telegramme aufgegeben.

Die Burgmühle (1980) wurde 1988 von der Deutschen Post erworben

SCHMUDESIEDLUNG – IM LADEN BEI ONKEL ARTUR

STREHLOWS UND EIN PARADIES FÜR KINDER

„Ich gehe mal zu **Strehlow**", hieß es fast täglich in jeder Familie, die zwischen Damaschkestraße, Weg zum Eigenheim, Füllscheuer und Arbeitsdank sowie Windeberger Straße wohnte. Als Kinder gehörte ein Besuch im Lebensmittelgeschäft am **Arbeitsdank/Ecke Weg zum Eigenheim** zum Alltag. Für uns Kinder war es aber vor allem ein Süßwarenladen. Mit dem nötigen Kleingeld in der Kittelschürze waren wir bei Onkel Artur immer willkommen. Dann gab es Bonbons aus dem Glas oder Negerküsse (heute würde man richtigerweise Schokoküsse sagen). Manchmal auch Lakritz-Pastillen oder Schaumwaffeln, die wie Eistüten aussahen. Im kleinen Laden in der **Schmudesiedlung** war immer was los. **Artur Strehlow** und sein **Irmchen** hatten alles, was man zum Leben brauchte.

Das Haus der Familie Strehlow am Arbeitsdank

Irmchen mit Sohn und Enkel vor der Ladentür

Irmchens Eltern, **Doris** und **Karl Till**, hatten das Haus in den 20er-Jahren errichtet. Irmchen lernte bei ihren Eltern und übernahm später auch deren Lebensmittelladen. Manchmal bellte der kleine Cherry, ein sehr munterer Terrier. Er knurrte meist, wenn er nicht rausgelassen wurde. Ich durfte immer unter dem Ladentisch durchkrabbeln und dann mit verkaufen. Dafür wurde ich auf eine Fußbank gestellt. Es gab noch eine zweite Verkaufstheke, wo es die Milchprodukte wie Käse und Quark oder auch Wurst gab. Auf der weißen Holzbank, direkt am Schaufenster, saßen immer bekannte Gesichter, die hier vom Weg zum Eigenheim oder Arbeitsdank eine Pause einlegten. Manchmal auch die Postfrau. Tante Irmchen und ihr Mann hatten immer einen weißen Kittel an und einen Bleistift hinterm Ohr. Es wurde alles auf Zettel notiert und dann zusammengerechnet. Eine Kasse gab es nicht.

Gruppe (um 1970) aus dem 1954 eröffneten Schmudekindergarten

Die meisten Kinder in der Gegend besuchten den Kindergarten an der **Füllscheuer**. Besonders die Hecken im Garten hatten es uns angetan – ein Paradies für Kinder. Dort konnten wir prima Verstecken spielen. Der Nachhause-Weg zum Eigenheim war eine Spielstraße.

Zum Rollschuhfahren

nutzten wir die wenigen Flächen, die mit großflächigen Platten belegt waren. Ansonst waren die Fußwege sehr steinig und kaum geeignet für eine Tour auf Rollschuhen. Gern tummelten wir uns auf dem Gelände von **Pommeranz**, der bekannten Mühlhäuser Baumschule. Nur erwischen lassen durften wir uns nicht. Ebenso, wenn wir an den Eisenbahngleisen spielten. Das haben unsere Eltern nicht gern gesehen.

STEINMETZE EROBERN MÜHLHAUSEN

DENKMALPFLEGEBETRIEB BEKAM 1980 EINE EIGENE NIEDERLASSUNG IN MÜHLHAUSEN

Ein junger Steinmetzmeister bekam 1980 den Auftrag, in Mühlhausen eine Außenstelle des VEB Denkmalpflege Erfurt aufzubauen. Erstes Projekt für den neuen Niederlassungsleiter **Alban Huschenbeth** war die Marienkirche. Auch an der Divi-Blasii-Kirche, der Kornmarktkirche, der Stadtmauer und der Allerheiligenkirche gab es genügend Arbeitsfelder für die Handwerker. Allein 420 Kubikmeter Naturstein standen zur Verfügung, um in die alte Stadtmauer eingearbeitet zu werden. Die Stadtmauer war zunächst nur bis zum Hospitalturm begehbar, durch die Restaurierung von zwei Einbruchstellen war der Wehrgang wieder bis zum Biedermeier-Gartenhäuschen zu begehen. Am Äußeren Frauentor stellten die Handwerker das Helmdach mit einem Zwerggiebel wieder her.
Erneuert wurden ebenfalls die Bleiglasfenster der Jakobikirche.

In der Marienkirche ließ man den Natursteinboden verbessern und den Altar restaurieren. Im Jahre 1988 kamen die Figuren an der Südfassade dran.

Fürs Haus „Am Plänchen“ schnitzte **Olaf Meinel** die Füllhölzer. Hauptauftraggeber waren die Abteilung Kultur beim Rat des Kreises, private Hauseigentümer und die Kirche. Objekte in der Innenstadt hatten Vorrang. Wenn Hauseigentümer fragten, mussten sie sich oft nur mit einer Beratung zufrieden geben. Es fehlte nämlich an Material.

Als Firmenobjekt wurde ab 1983 das Altersheim in der Holzstraße vom Rat des Kreises angemietet – zwecks Ausbaus zu einer Werkstatt für Denkmalpflege.

Bis zum Auszug (1999) gehörten vor allem die Steinmetze, denen man von der Stadtmauer gut bei der Arbeit unter freiem Himmel zuschauen konnte, zum Erscheinungsbild.

So sah das Objekt in den 50er-Jahren aus, als es noch als Altersheim genutzt wurde

Mehrere Jahre teilten sich die 23 Bewohner und elf Betreuer des Alten- und Pflegeheimes das Domizil. Die zumeist älteren Herrschaften, die später dann in neu gebaute Heime umzogen, waren treue Beobachter des handwerklichen Treibens. Aber auch die Mühlhäuser ließen es sich nicht zweimal sagen, wenn zum „Tag der offenen Tür“ eingeladen wurde. Dann konnte man sich unter anderem auch in der Lehrwerkstatt umschauen.

Großteil der Kollegen 1989: V. l. stehend: Alban Huschenbeth, Franz Goldstein, Tobias Winter, Detlef Tomczyk, Kai Erdmann (versteckt), Norman Hose, Ulrich Pohlmann, Lorenz Vogt, Uwe Brodhuhn, Paul Zengerling, Thomas Jacobi, Rolf Petri, Josef Hülfenhaus, Olaf Meinel, Mario Meinel, Maik Schinköth. Rolf Müller. Vorn sitzend v. l.: Christian Stiefel, Andreas Frey, Birgitte Griethe, Matthias Fritsch

Lehrlinge Norman Hose (l.) und Jens Hasert arbeiten am Brunnen, der auf dem Untermarkt steht

Mittlerweile gehörten insgesamt 35 Handwerker zum Huschenbeth-Team: Maler, Dachdecker, Tischler, Maurer und Steinmetze sowie Lehrlinge. Zur Erfüllung eines Auftrages war vor allem (mal wieder) „Vitamin B“ notwendig. Im Bereich der Denkmalpflege brauchte man eine Quelle für Kalkstein und Travertin. Das Travertinwerk Bad Langensalza ließ seinen Ex-Kollegen Huschenbeth nicht im Stich. Bei der Allerheiligenkirche, die bis Frühjahr 1989 anlässlich des Müntzer-Jubiläums umfangreich restauriert wurde, kamen fast alle Handwerker der verschiedenen Gewerke zum Einsatz. Die Steinmetze für die Stützpfeiler und Sockel, die Tischler für die Maßfenster, die Dachdecker für die Rekonstruktion des Kirchendaches und Maler für die barocken Malereien im Tonnengewölbe.

Dass das Haus Nummer 22 im Jakobiviertel nicht mit abgerissen wurde, hat die Stadt übrigens den Denkmalpflegern aus der Holzstraße zu verdanken.

TRINKGELD FÜR NEUE TECHNIK

MEHR ALS 100 „PLATTE“ PRO TAG BEI PREUSS & BURIAN

Wer in den 70er- und 80er-Jahren einen „Platten“ hatte, ging zu **Firma Preuß** in der Hauptmannstraße oder zur Firma **Uthardt/Buri-**

an in die Breitenstraße. 50 bis 60 Räder pro Tag gingen kaputt, erinnert sich Gerd Preuß an die Zeit, als seine Werkstatt nur drei Tage in der Woche geöffnet hatte: montags, mittwochs und freitags war Auftragsannahme, dienstags und donnerstags war das Geschäft geschlossen – da wurden die Aufträge abgearbeitet.

Helmut und Johanna Preuß mit Sohn Gerd vor der Werkstatt

Die Vulkanisierwerkstätten hatten gut zu tun. Das lag nicht hauptsächlich an den historischen Pflastersteinen auf Mühlhäuser Straßen, sondern an der schlechten Qualität der Schläuche. Die Firmen beschäftigten sich mit Austausch und Verkauf von runderneuerten Altreifen. „Sechs bis zwölf DDR-Mark kosteten die im Ankauf", erinnert sich Preuß. Der Verkaufspreis lag zwischen 34 und 39 Mark. Neureifen kosteten 134 DDR-Mark.

Gerd Preuß hatte die Firma 1978 von seinen Eltern **Johanna** und **Helmut Preuß** übernommen. Bereits in den 60er-Jahren hatte er im Betrieb gearbeitet. Um die Firma am Laufen zu halten, war er fast die ganze Woche mit seinem **B 1000** unterwegs. Kontakt und Beziehungen waren das Wichtigste. Auch für die Autofahrer. Die mussten erst einmal ein Auto haben. Stand das in der Garage, begann der Kampf ums Zubehör. Dafür gab es eine Kartei, in der die Kunden vorgemerkt wurden. Irgendwann hat Preuß über den Chemiehandel einen ganzen Waggon mit Trabant-Reifen aus Riesa geholt, sie runderneuert und verkauft. Die Kunden in Mühlhausen waren glücklich.

Reifenwechsel in der Breitenstraße bei Firma Uthardt/Burian

Da standen die Trabis oft Schlange

„Das Trinkgeld wurde in neue Technik investiert", erinnert sich Preuß. Zu diesem Zweck fuhr er nach Wernigerode, um sich dort in einem Spezialbetrieb eine neue Maschine zu kaufen. Zwischen Preuß und Burian gab es schon damals einen Wettbewerb um die neuesten Formen und Maschinen. Stammkunden hatten sie beide.

MIT KOPPEL UND KÄPPI

VORMILITÄRISCHE AUSBILDUNG BEDEUTETE ZWEI WOCHEN ABGESCHIEDENHEIT UND DRILL FÜR ALLE

Die einen fuhren nach **Prerow** oder **Tambach-Dietharz**, die anderen nach **Baruth, Glowe** oder **Wilhelmsthal**. Ob Lehrlinge oder Gymnasiasten – ein Lager für Zivilverteidigung oder GST-Lager war ab Mitte der 60er-Jahre Pflicht. Dieser Teil des Unterrichts nannte sich „vormilitärische Ausbildung". Die mehr als 100 Lehrlinge aus dem **VEB Röhrenwerk** fuhren für eine Woche nach Baruth. Die Jungen trugen GST-Uniformen, die Mädchen DRK-Uniformen. Bevor es losging, gab es die Dienstkleidung für die Lagerzeit: graue Uniformen bestehend aus Blusen und Hosen sowie festen Schuhen. Dann wurde das Marschieren geübt. Rot-Kreuz-Ausbildung stand ebenfalls auf dem Programm. Ausgebildet wurde getrennt nach Weiblein und Männlein. Wer ein Handicap hatte, war im Vorteil – er durfte mit den Mädchen ins so genannte „ZV-Lager" oder „DRK-Lager".

Erst die Theorie ...

... dann die Praxis

1966 fand das allererste Lager für die **vormilitärische Ausbildung** für die Lehrlinge des Röhrenwerkes im betriebseigenen Ferienobjekt in Baruth im Brandenburgischen statt. Gleichschritt, Handgranatenweitwurf, Geländelauf und Erste Hilfe waren die Disziplinen für die männlichen Lehrlinge. Was in den ersten Jahren noch wie ein uniformierter Trainingskurs aussah, ähnelte später immer mehr den Ausbildungsformen beim Wehrdienst bei der Nationale Volksarmee (NVA). Die Mädels wurden tagsüber im Sanitätszug auf Verteidigungssituationen vorbereitet, bestiegen Schutzräume und überstanden Rettungssituationen. Abends nach dem Appell saßen Lehrlinge und Ausbilder nach Dienstschluss gemeinsam beim „Dienstbier" (zwei Flaschen pro Person) am Lagerfeuer, wenn es die Brandschutzsituation erlaubte.

Oben: Ausbildungspause in Baruth. Die Lehrmädchen aus dem Röhrenwerk (1966)

Bild oben links: Verletzte bergen musste geübt werden

Bild unten links: Bei all dem: Der Spaß kam nicht zu kurz.

„Die haben uns auf einen Krieg vorbereitet", erinnert sich eine Studentin an die Zeit Mitte der 80er-Jahre. Eingesperrt in einem Objekt in Glowe auf Rügen, mitten in einer Einöde, Ausgang war nur selten. Sonntags wurde „Kaffee mit Musik" angeboten. In der ersten Woche lächelten alle darüber und gingen nicht hin. Am zweiten Sonntag saßen dann wirklich alle mit Strickzeug brav in der Konzerthalle. Es war das einzige Angebot jenseits des militärischen Drills. Wer Glück hatte, war in der Küche eingesetzt und musste nicht das komplette Ausbildungsprogramm mitmachen.

Schüler der EOS „Erich Weinert" hatte es 1983 für zwei Wochen nach Prerow verschlagen. „Wir mussten die Ostsee bewachen und aufpassen, dass keiner rausschwimmt." Stundenlang im Sand eingebuddelt lagen die 17-Jährigen am Strand und wurden von den Mücken gebissen. Zur kleinen Meuterei kam es, als die Oberschüler sich weigerten, einem aus ihrer Sicht sinnlosen Kommando zu folgen. Einer begann eine Tierstimme nachzuahmen, alle anderen stimmten ein. Der Befehl war vergessen.

Die Mädchen hielten sich zur gleichen Zeit in Struth auf, wo die Schule in eine vormilitärische Ausbildungsstätte umfunktioniert wurde. Auch hier kam es zur „Meuterei", als trotz sengender Hitze und einem Schwächeanfall eines Mädchens die Übungen mit Handgranate und Geländelauf fortgesetzt werden sollten. Gut im Gedächtnis bleibt auch, dass die uniformierten Schülerinnen immer auf der Suche nach den Handgranaten waren, die auf dem schlecht gepflegten Sportplatz kaum wiederzufinden waren.

GEDRÄNGE IM SCHULKELLER

DIE „GEORGI-PFÜTZE" WAR VIELE JAHRE MÜHLHAUSENS EINZIGES HALLENBAD

Den Chlorgeruch aus dem Keller konnte man im ganzen Schulgebäude wahrnehmen. Seit 2. März 1959 hatte die **Georgi-Schule** ein eigenes Becken, in das bis zur Schließung am 21. Juli 1998 tausende Kinder mehr oder weniger freiwillig eintauchten. Nach der endgültigen Schließung des **Hallenbades in der Leninstraße** im Jahre 1985 war das so genannte Lehrschwimmbecken zugleich die einzige Möglichkeit für die Kinder des Kreises, in Mühlhausen das Schwimmen zu erlernen.

Schwimmunterricht geht in der kleinsten „Pfütze"

35 000 Kinder sollen hier Schwimmunterricht gehabt haben. Das Becken entstand in den Räumlichkeiten eines Brausebades, das auf Initiative von Lehrern umgebaut wurde. Es entstand ein fünf Meter breites und acht Meter langes Becken. Seine tiefste Stelle war bei 1,20 Meter - die Kinder sollten stehen können. So klein die **Pfütze** auch war, es war montags bis samstags in Betrieb. Bis zu 250 Kinder täglich bekamen hier Schwimmunterricht, erinnert sich Schwimmlehrer **Otto Hesse**. Er war einer von mehreren Schwimmlehrern, die hier tätig waren. Ein Großteil der Mühlhäuser Schüler der 3. Klasse lernte hier das Schwimmen. Nur sonntags war die „Georgi-Pfütze" geschlossen.

Sie gingen bis 1983 in die Georgischule und trafen sich 2003 im Becken wieder

Das Stadtbad hatte 1985 ausgedient

In den 70er-Jahren wurde auch Vorschulschwimmen angeboten. Nicht wenige Mädchen und Jungen erinnern sich nur ungern an die „Georgi-Pfütze". Viele Geschichten werden erzählt. Zimperlich ging es wohl nicht zu. Ärger gab es, wenn beispielsweise die Seifenschale oder gar die Badehose oder Badekappe vergessen wurden. Idealerweise hatte man keine Angst vorm Wasser oder bereits ein paar Grundkenntnisse im Über-Wasser-Halten. Mancher Angsthase soll von den Schwimmlehrern sogar einfach ins Wasser geworfen oder untergetaucht worden sein. Einige hatten schon Tage vor der nächsten Schwimmstunde Angst, sodass viele den Unterricht schwänzten und Übelkeit vortäuschten.

Für Schwimm- und Sportlehrer Otto Hesse war es wichtig, sich mit dem Heizer der Georgi-Schule gut zu stellen. Probleme gab es zuletzt mit dem Kohlennachschub. Irgendwann wurde sogar ein Föhn zum Haartrocknen eingebaut. Nach jedem Unterrichtstag wurden die hygienischen Verhältnisse geprüft. Die Filteranlage musste dann Höchstleistungen bringen, wenn Frischwasser und Chlor zugeführt wurden.

STARKE FRAUEN

IN DER MOLKEREI GAB ES NICHT NUR MILCH UND BUTTER

Über die **Mikro** gegenüberliegend wurde viel mehr geredet als über die **Molkerei**. Obwohl dort genauso lebenswichtige Produkte die Hallen verließen: Frischmilch, Speisequark, Schnittkäse, Butter. Täglich wurden hier bis zu 140 000 Kilogramm Roh- und Magermilch verarbeitet.

In der Quarkerei wurden Mager- und Fettquark sowie spezielle Zubereitungen wie „Pikant", „Mit Kümmel" oder nach „Liptauer Art" sowie Quarkspeise mit Fruchtaromen produziert.

Frischmilch gab es in Halbliter-Glasflaschen und Schulmilch in 0,25-Liter-Größe. 70 000 bis 80 000 Flaschen pro Tag wurden gefüllt. Konservierte H-Milch gab es damals nicht.
Edamer Schnittkäse wurde in Brotform gepresst. Immerhin 1800 Tonnen pro Jahr, für den gesamten Bezirk Erfurt und darüber hinaus. Der Edamer Räucherkäse ging bevorzugt nach Erfurt und Berlin.

Käsepresse für Edamer

Nur Joghurt fehlte im Sortiment. Täglich anfallende Sahne wurde zu Butter verarbeitet oder als Schlagsahne abgefüllt. 150 Mitarbeiter und Mitarbeiterinnen sowie 20 Lehrlinge zählte der Betrieb am Stadtrand von Mühlhausen in den 70er-Jahren. Schichtarbeit war angesagt. Im Jahre 1978 wurden 30 Lehrlinge zusätzlich ausgebildet, die in der künftigen Molkerei Leinefelde zum Einsatz kommen sollten. Das Lehrlingswohnheim befand sich auf dem Firmengelände, ausgebildet wurde für den gesamten Bezirk Erfurt.
70 Prozent der Mitarbeiter waren weiblichen Geschlechts. „Alles starke Frauen", erinnert sich Fritz Urban, der das VdgB Molkerei- und Käsewerk Mühlhausen ab 1975 leitete.

Sein erstes Problem als neuer Chef löste er schnell. Vom Hof verschwanden auffallend viele Kästen mit leeren Flaschen. Wenn man die gegen Pfand einlöste, brachte das eine Schachtel F 6 pro Kasten. Als die Kontrollen verstärkt wurden, blieben auch wieder mehr Kästen auf der Rampe stehen.

In Mühlhausen gab es ab den 80er-Jahren ein Molkerei-Fachgeschäft, ein so genannter **„Kooperationsladen"**, der eigentlich rund um die Uhr beliefert werden sollte. Doch da stieß die Molkerei an ihre Kapazitätsgrenzen. Auch bei dem Wunsch von staatlicher Seite, weitere Läden dieser Art zu eröffnen. In der Felchtaer Straße gab es immerhin noch eine **Konsum-Verkaufsstelle** für die Milch- und Käseprodukte der Molkerei.

Die HO Mühlhausen hatte noch Anfang der 60er-Jahre auf dem Steinweg die Verkaufsstelle MOLKRI, am **Jakobistieg** (Familie Döbber) und in der **Kilianistraße** kleine Milch-Verkaufsstellen. Als aber der lose Milchverkauf wegfiel, wurden die kleinen Verkaufsstellen geschlossen, und aus der MOLKRI am Steinweg entstand die MENÜ-Verkaufsstelle.

Das 85-jährige Betriebsjubiläum der Molkerei im Jahr 1987 ist allerdings ins Wasser gefallen. Einige Passagen im Referatsentwurf des Betriebsleiters Urban wurden von den Verantwortlichen übelgenommen und die Feier gestrichen. Urban hatte sagen wollen, dass „die Molkerei 1902 als Raiffeisengenossenschaft

gegründet wurde, bis zur Übernahme durch den Reichsnährstand und nach 1945 unter Sowjetkontrolle stand, ab 1949 schrittweise der VdgB unterstellt wurde ..." Das reichte offensichtlich aus, die Veranstaltung abzusagen!?
Fürs Jubiläum hatte Urban extra in Sonneberg für jeden Mitarbeiter eine Plüschkuh und woanders Krüge und Teller anfertigen lassen. Die Präsente wurden dann ohne Betriebsjubiläum verteilt.

Das Laborteam 1987

Als 1979 der strenge Winter die Wirtschaft lahmlegte, hat die Molkerei ohne Ausfall durcharbeiten können. Während gegenüber in der „Mikroelektronik" die Bänder wegen eingefrorener Heizungsanlage stillstanden, sind in der Molkerei die Flaschen ohne Unterbrechung gefüllt worden. „Berichtet wurde aber nur über die Leistungen der Mikroelektroniker." Dass die Molkerei trotz der extremen Minustemperaturen nach Plan weiterarbeitete, schien selbstverständlich, berichtet Urban.

NIETHOSEN AUS DEM OSTEN

DIE WEST-JEANS WOLLTE JEDER HABEN

Mitte der 60er- und 70er-Jahre wurde Westdeutschland mit amerikanischer Kleidermode, Musik und neuen Tänzen überschwemmt. Trotz Grenze und ideologischer Beeinflussung drang das „Neumodische" auch auf das Gebiet der DDR vor. Begierlich, aber meist heimlich, wurde über Funk und Fernsehen das „Neue" entdeckt und nachgeahmt. Da nutzten keine Verbote, „ideologische Aufklärung" oder gar Ersatzangebote wie **Lipsi**, ein 1959 in der DDR eingeführter Modetanz, oder die so genannten **Ostschlager**. Schnell verbreiteten sich Begriffe wie **Beat** und **Rock 'n' Roll.** Auch die Mode kannte an der Grenze keinen Halt. Die **Natoplane**, das blütenweiße **Perlonhemd** oder die **Seidenstrumpfhose** waren der Wunsch oder gar der Traum vieler DDR-Bürger bzw. -Bürgerinnen. **Niethosen**, danach „hungerten" viele Jungen und Mädchen, besonders in den grenznahen Städten und Gebieten.

So mancher Westbesucher, der ein Mitbringsel für teures Geld erstanden hatte, musste feststellen, dass zum Beispiel ausgerechnet die geschenkte Strumpfhose in Diedorf hergestellt war. Mit dem Mauerbau wurden diese „Import-Möglichkeiten“ stark eingeschränkt.
Mit der Herstellung von Niethosengeweben aber musste die Textilindustrie der DDR zunächst passen Es gab keine technischen Voraussetzungen, solche schweren Gewebe (300 bis 380 g/Quadratmeter) wie bei Levi's oder Wrangler herzustellen. Auch Technik und Technologie für die Indigofärberei war nicht vorhanden.

Die staatlichen Stellen betrachteten die Verbreitung der Artikel nicht nur mit Skepsis. Aussprachen in der FDJ-Gruppe brachten so manchen Jugendlichen und dessen Eltern in Bedrängnis. Der Wunsch nach westlichen Dingen war ungebrochen. Wer **Westprodukte** über irgendeinen Weg ergatterte, musste lange Zeit alles möglichst geheim machen, die Etiketten entfernen und die kuriosesten Ausreden erfinden.
Die DDR-Industrie war materiell und von den technologischen Möglichkeiten her nicht in der Lage, so schnell Ersatzprodukte zu schaffen.
Erst als die Polyesterfaser und die Dederonseide einsatzreif waren, konnte die verarbeitende Industrie schnell entsprechende Produkte auf den Markt bringen. Dazu gehörten **Dederon-Kleiderschürzen** und **-hemden**, **Polyester-Strickwaren** und viele andere Artikel.
Der **VEB Cottana**, auf Arbeits- und Berufsbekleidungsgewebe spezialisiert und Alleinhersteller von Inletts, musste auf Grund der Forderungen zum Konfektionsexport (Falkenstein) farbiger in seinen angebotenen Stoffen werden. Der **Blaue Anton** wurde mehr und mehr durch modische Zweiteiler, **Latzhosen** und **Kombis** ersetzt. Auch die Niethose wurde zunächst als Arbeitsbekleidung genutzt.

Das Cottana-Werk in den 80er-Jahren

Bei der Messe der Meister von morgen und der eigenen Forschung nutzte man vorhandene färbetechnische Möglichen, um ein vorgefärbtes Gewebe in Schwarz-Weiß oder Blau-Weiß einzufärben. Mit einigen Investitionen wurden in den Webereien Oberdorla und Niedergebra sowie in den Werken der Textilveredlung Alternativen und technische Voraussetzungen geschaffen. Das Handicap war, dass in den Webereien Gewebe nur bis maximal 280 gr/m^2 hergestellt werden konnte. Das nahm man aber hin. Partner in der modischen Entwicklung waren inzwischen Damenmode Plauen.
Das bedruckte Gewebe „Printacott“ wurde in Plauen zu Damenmänteln, Hüten oder Röcken verarbeitet. Dafür gab es sogar Messegold.

Die VEB Jugendmode Dresden und Berlin fertigten aus dem Gewebe „Cottino“ die Marke **Wisent** und andere Jugendmode. Mit der Entwicklung von „Polycott“, ein Gewebe mit einem synthetischen Schussfaden (Querfaden), konnte die Palette der modischen Stoffe wesentlich erweitert werden. So konnten mit der Anschaffung einer Schmirgelmaschine weitere gewünschte Effekte, neben der sanforisierten Ware, ausgeführt werden. Damit war die Zeit der modischen Jeansbekleidung auch in der DDR eingeläutet.

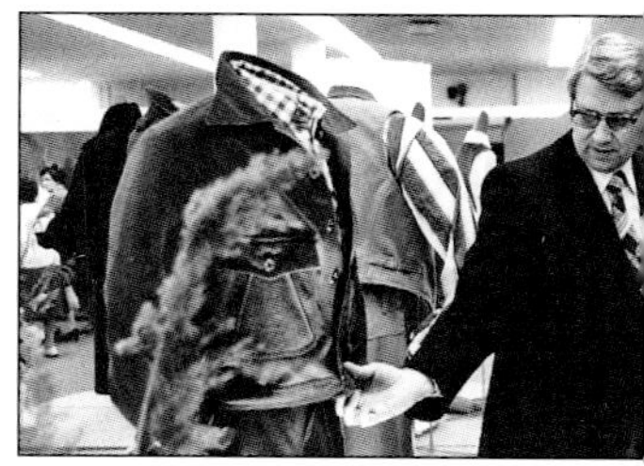

Jeansstoff aus Mühlhausen wurde auf der Leipziger Messe präsentiert.

Gesellschaftsfähig wurde die „Niethosenbekleidung“ auf einer Zentralratssitzung der FDJ, als deren Vorsitzender Egon Krenz feststellte:

„Nicht in jeder Niethose muss auch eine Niete stecken.“

Daraufhin wurde eine komplette „Indigostraße“ mit einer Indigofärberei und einer Weberei, die „schwere“ Gewebe herstellen konnte, importiert und im VEB Lautex Neugersdorf installiert.

VORFRISTIG UND IN BESTER QUALITÄT

NEUE NIKOLAISCHULE WURDE 1972 ALS ERSATZBAU ERÖFFNET

Dieses Ereignis steht in der Schulchronik ganz vorn: Am 31. August 1972 wurde der Neubau der **POS VIII** übergeben. Der 31. August war damals ein Donnerstag. Für 17 Uhr waren die Einwohner der **Wohnbezirke 25, 27 und 28** herzlich eingeladen. Die FDJler und Pioniere der Schule trafen sich bereits um 16.30 Uhr – in **Verbandskleidung**, stand in der Einladung. Mit der feierlichen Übergabe des Ersatzbaus konnte auch die Akte Nummer 3519 des Mühlhäuser **Stadtarchivs** abgeschlossen werden. Die war bereit 1926 angelegt worden, mit dem Ziel, für die alte **Nikolaischule**, deren Anfänge ins 18. Jahrhundert zurückgehen, einen Ersatzbau zu errichten.

Das Schulgebäude in unmittelbarer Nachbarschaft zur Nikolaikirche wurde erst 1998 abgerissen. Doch es hatte 46 Jahre nach dem ersten Archiveintrag gedauert, bis ausreichend finanzielle Mittel zur Verfügung waren und eine neue

Die alte Nikolaischule hatte ausgedient

Schule errichtet werden konnte. Damit wurden zahlreiche Provisorien und Ausweichquartiere überflüssig. Der Neubau in der Altenburgstraße war nach der **Forstbergschule** der zweite Schulneubau in Mühlhausen nach 1945. In das alte Gebäude am Bastmarkt zog der Hort der **Pestalozzi-Schule** ein, die seit 1945 am unteren Steinweg sein Domizil hatte.

Das Schulgebäude war 1972 laut Chronik „vorfristig und in bester Qualität" errichtet worden. Innerhalb der **Mach-mit!-Bewegung** seien von Freiwilligen aus dem Wohnbezirk, den Patenbetrieben **VEB Cottana** und **VEB Brauhaus**, von Lehrern, Schülern und NVA-Angehörigen Leistungen in Höhe von 63 000 DDR-Mark erbracht worden. Anlässlich der Einweihungsfeier (1972) gab es ein Versprechen der Bauarbeiter: Bis Jahresende sollte auch die zur Schule gehörende Turnhalle und damit der letzte Bauabschnitt geschafft sein. Tatsächlich konnte die Halle in Leichtbauweise am 12. Januar 1973, also fast pünktlich, übergeben werden. Im Juni 1973 sorgte die Schule erneut für Schlagzeilen. Ihr wurde der Name „Hermann Matern" verliehen. Direktor **Roland Kny** hatte bis dahin zahlreiche Forschungsaufträge zum Leben des 1971 verstorbenen Kommunisten und Politikers Matern an die Kinder vergeben.

1973 wurde der Schule der Name Hermann Matern verliehen

Diesen Namen trug sie bis zur Wende 1990. Kurze Zeit später wurde aus der allgemeinbildenden, zehnklassigen Oberschule eine Grundschule für Kinder der ersten bis vierten Klasse. Die einstmals nagelneue Turnhalle hatte gut 30 Jahre durchgehalten, dann musste sie aus Sicherheitsgründen gesperrt und später teilweise abgerissen werden.

Geräteturnerinnen am Stufenbarren in der neuen Turnhalle, die 35 Jahre später abgerissen werden musste

Bereits seit Sommer 2011 steht der sanierte und modernisierte Turnhallenbau wieder dem Schul- und Vereinssport zur Verfügung. Das Schulgebäude leuchtet inzwischen in Gelb und Orange. Erhalten sind die großen hellen Räume des Ersatzbaus und ein großräumiges Schulgelände. Markant war und ist die Skulptur des Arnstädter Künstlers **Otto Knöpfel** am Giebel, die bis heute ein Erkennungszeichen ist.

ABRISS JOXERVIERTEL

VERSCHLISSENE UND UNBRAUCHBARE BAUSUBSTANZ IN DER ALTSTADT

Zerbrochene Fensterscheiben, vernagelte Türen und Fenster, bröckelnde Häuserfronten und eingefallene Dachbereiche. Sechs wegen Einsturzgefahr gesperrte Häuser – dieser Teil der Altstadt hatte sich noch im Mittelalter eine gewisse Selbständigkeit bewahrt. Zu DDR-Zeiten hieß es nur das „Joxerviertel", auch „Nachtjackenviertel".
Zentrale Punkte waren die Jakobischenke, die Bäckerei Frohne mit Kolonialwarenhandel, das Molkereigeschäft Döbber am Jakobistieg, der Klavierhandel der Gebrüder Selle, die Altmaterialverwertung Abelmann und eine Kfz-Werkstatt sowie ein Kindergarten.
Jahrzehnte später war damit gemeint eine größtenteils „verschlissene, wertlose und unbrauchbare Bausubstanz", wie es DDR-Wohnungsplaner beschrieben. Selbst die unter Denkmalschutz stehenden und deshalb mit einer roten Hausnummer gekennzeichneten Häuser waren genauso heruntergewirtschaftet wie die übrige Substanz.

Blick auf die Wahlstraße in Richtung Jakobiviertel

Diese Häuser wurden 1988/1989 komplett abgerissen

Einen besseren Eindruck vermittelten einige Häuser auf der südlichen Seite der Jakobistraße, in der Kurzen Jakobistraße und an mehreren Stellen in der Wahlstraße. Ende der 70er-Jahre wurde ein Sanierungskonzept entworfen. Dabei sollte die Flächensanierung mit einer Objektsanierung erfolgen. Angestrebt wurde der Erhalt möglichst vieler unter Denkmalschutz stehender Häuser. Hauptproblem: Die industrielle Bauweise eignete sich nur eingeschränkt für dieses Altstadtgebiet. Es fehlten bei den Fertigteilen in der Plattenbauweise die geeigneten Formen und Typen. Deswegen mussten neue Elemente entwickelt werden.

Der Jakobistieg 1951, wegen des Milchladens von Ewald Döbber auch „Döbber-Gasse" genannt

Flächensanierung mit dem Bagger Ende der 80er-Jahre

Die PGH Neuer Weg befand sich hinter der Jakobikirche

Bis Ende 1987 passierte nichts. Um Baufreiheit zu schaffen, brach man im Februar 1988 die Gebäude Wahlstraße 62 und 70 ab. Anfang September 1988 wurde mit der Montage neuer Wohnhäuser mit Fernheizung im Badergässchen begonnen. Insgesamt entstanden dort 128 neue Wohnungen. Im April 1989 war schließlich das letzte von zwölf Mehrfamilienhäusern fertig gestellt.

Die Walmdächer stellten eine ansatzweise Anpassung ans historische Stadtbild dar. Die neuen Wohnung wurden mit zeitgemäßen Sanitäreinrichtungen ausgestattet und zu wichtigen Elementen beim Erhalt der Altstadt, in der danach wieder mehr Menschen lebten.

HAUSBÄCKEREI FROHNE

GROSSE BLECHE AUF DEM KOPF UND EIN SCHNÄPSCHEN

Auswärtige Besucher staunten immer wieder über Frauen und Burschen, die eckige oder runde Bleche auf dem Kopf durch die Jakobistraße zur Bäckerei Frohne trugen. Die Kopfträger hatten meist einen Topflappen zwischen Kopf und Kuchenblech gelegt, um die schwere Last der bereits belegten Bleche besser bewältigen zu können. Als Belag waren Streusel, Kirschen, Stachelbeeren, Äpfel und Pflaumen am beliebtesten. Hohe

Zeiten dieser Hausbäckerei waren Weihnachten und die Kirmes. Zur Kirmes dominierte der Zwetschenkuchen. In Reih und Glied lagen die entkernten und gefächert aufgeschnittenen Zwetschen auf dem Teigboden. Wer es sich leisten konnte, hatte Butterflocken gestreut. Die Backstuben, die Flure und der Hof standen dann voller Regale mit Kuchenblechen. Zur Kirmes waren mehr als 100 Kuchen abzubacken. Diese wurden beim Bringen mit Papierstreifen gekennzeichnet, auf die Nummern geschrieben waren. Ein Streifen verblieb beim Bäcker, ein zweiter beim Kunden. Wenn aber so ein Papierstreifen verloren ging, kam es zu lautstarken Auseinandersetzungen.

Das Abbacken eines großen nassen Kuchens kostete 30 Pfennig – da war für den Bäcker kein großer Reibach zu machen. Ähnlich aufregend war die Schittchenbäckerei in der Vorweihnachtszeit. Der Teig wurde zu Hause bereitet, dann zum Bäcker gebracht und dort wunschgemäß fertig gebacken.

Dann war die halbe Jakobistraße vom Duft der Weihnachtsbäckerei erfüllt, erinnert sich Klaus Meier (Jahrgang 1936). Das Abholen war reine Männersache. Nachmittags bis zum Abend füllten sich die Backstuben mit Vätern und Großvätern. Es wurde erzählt und gelacht sowie hin und wieder ein Schnäpschen gereicht. Da waren die Schittchen kurzzeitig in Vergessenheit geraten.

Die Jakobistraße im Jahre 1960 mit Bäckerei Frohne rechts

KIRCHEN ALS LAGERHALLEN

VIEL PLATZ FÜR WOHNUNGEN, AUTOTEILE UND GETREIDE

Mühlhausen hat 14 Kirchen. Einige dieser jahrhundertealten Bauwerke wurden aus finanziellen Gründen nicht mehr für Einkehr und Gottesdienste genutzt. Zuallererst traf es die größte Stadtkirche, die **Marienkirche**, die 1975 von der evangelischen Kirche aufgegeben und der **Gedenkstätte Deutscher Bauernkrieg** zur Nutzung übertragen wurde. Gut anderthalb Jahre später fand auch die **Kilianikirche**, die als Filialkirche zur St.-Divi-Blasii-Gemeinde gehörte, einen neuen Besitzer. Am 22. Oktober 1976 verkaufte die Kirchengemeinde ihr Gotteshaus für 36 700 Mark an die **PGH Autoflott**, die bereits auf dem Nachbargrundstück eine Autowerkstatt betrieb. Kirchenglocke und Teile der Ausstattung blieben in Kirchenbesitz. Altar, Kanzel und Chorschranke wurden an die katholische Kirche verkauft und kamen nach Hüpstedt. Der letzte Gottesdienst hatte bereits 1966 stattgefunden. Wegen der starken Bauschäden konnte die Kirche fortan nicht mehr für Gottesdienste genutzt werden. Bereits seit 1970 diente sie als Unterkunft für die Handwerker, die die Stadtmauer restaurierten. Die PGH „Autoflott" nutzte die Kirche bis in die 90er-Jahre als Lagerraum.

Schon 1979 sollte nach dem Willen des Gemeindekirchenrates eine weitere Filialkirche in städtischen Besitz gelangen. Dabei handelte es sich um die Allerheiligenkirche. Fast sechs Jahre dauerte der Entscheidungsprozess – der Widerstand im **Mühlhäuser Rathaus** war zu stark. Erst nach einem gemeinsamen Beschluss vom Rat der Stadt und dem Rat des Kreises im Jahre 1986 gab es zum 1. Januar 1986 einen Rechtsträgerwechsel. Nach einer umfangreichen Sanierung des Gebäudes gehörte die Kirche als drittes Gotteshaus zur **Zentralen Gedenkstätte Deutscher Bauernkrieg**. Die Gedenkstätte war bereits seit 1967 als Lagerraum des **VEB Zekiwa – später Mühlhäuser Kinderfahrzeuge** – genutzt worden. Das Inventar wurde bis auf den Altar aufgeteilt. Seit April 1989 diente die Kirche in neuer Funktion als „Informations- und Ausstellungszentrum" für Besucher. Ein halbes Jahr später wurde die erste Ausstellung „Thüringer Kunst" aus Museumsbeständen eröffnet. Das war der Beginn einer **Museumsgalerie** der **Mühlhäuser Museen**.

Die Kilianikirche diente als Lager für Autoersatzteile

Die **Kornmarktkirche** wurde viele Jahre, bis in die 60er-Jahre, als Getreidelager und als Büro- sowie Wohnobjekt genutzt. Bis 1974/1975 hatte man dort 90 Jahre Korn gelagert, im Chorraum waren Wohnungen eingebaut. Im Erdgeschoss existierte bis 1974 eine **Gemeindeschwesternstation**, die ursprünglich 1935 als Stützpunkt des Deutschen Roten Kreuzes eingerichtet worden war. Sogar Garagen waren in der ehemaligen Kirche untergebracht.

Ende der 60er-Jahre gab es erste Überlegungen zu einer zweckmäßigeren Nutzung der Kirche. Anfang der 70er-Jahre überlegte man einen Ausbau zum Müntzer-Museum. Da Wände und Dachkonstruktion nur kleinere Schäden aufwiesen, schien einer Entfernung aller Einbauten nichts im Wege zu stehen. Es blieb bei den Überlegungen.

Kaum vorstellbar – die Einbauten in der Kornmarktkirche

Die **Jakobikirche** wäre 1948 beinahe an die katholische Stadtgemeinde gegangen. Einem entsprechenden Antrag hatte der Stadtrat im selben Jahr zugestimmt. Der wollte jedoch nur langfristiges Nutzungsrecht abgeben, gegen die Übernahme der baulichen Unterhaltung, nicht aber die Kirche verschenken.

1952 nahm die katholische Gemeinde den Antrag zurück. Ab 1953 wurde das Gotteshaus von verschiedenen Firmen als Lager genutzt und dauerhaft an den Tabakgroßhandel **Fedor Schüler** vermietet. In den Jahrzehnten der Lagernutzung schritt der Verfall voran, Fensterscheiben wurden eingeworfen und nicht repariert. Die hölzerne Barockausstattung wurde durch Pilz- und Insektenbefall beschädigt. 1958 dachte man sogar daran, die Kirche als Sporthalle umzubauen. Dafür fehlten aber Material und Geld. 1973 gab es fünf Varianten der Überlegungen: Umnutzung zur Bibliothek, Ausstellungshalle, Mehrzwecksaal mit Bühne und Plätzen für 400 bis 450 Zuschauer, zu einem überdachten Wochenmarkt oder Turnhalle, so hieß es in der Nutzungsstudie des **Institutes für Denkmalpflege Erfurt**. Ab 1980 nutzten die **Zentrale Gedenkstätte Deutscher Bauernkrieg** und der VEB Denkmalpflege, Betriebsteil Mühlhausen, die Kirche als Magazin für Kunst- und Kulturgut.

Die Franziskanerkirche vor ihrer Restaurierung

Auch ein Pflegefall – die Jakobikirche

Die Bauernkriegsgedenkstätte 1975

1981 legte der Erfurter Denkmalpflegebetrieb eine neue Studie vor. 1984 wurde die dem Rat der Stadt zugeordnete Kirche auch noch von einer Tischlerei genutzt, die 1985 die Kirche schon wieder räumen musste. Zwischenzeitlich gab es die Idee, die Kirche als „Schaumagazin" auszubauen. Die Idee wurde aber wieder verworfen. 1987/1988 bekam die Kirche neue Fenster. Weil das Bauernkriegsmuseum weiterhin ein Zentralmagazin brauchte, wurde der Gedanke eines Abrisses aufgegeben.

GEORGI-VIERTEL

IN DEN 70ER-JAHREN VERSCHWANDEN VIELE KLEINE VORSTADTHÄUSER

Bereits seit den 60er-Jahren war die **Feldstraße** als Standort für den Wohnungsneubau vorgesehen. Konkret geplant wurde erst ab 1973 – möglicherweise passte das Projekt erst zu diesem Zeitpunkt in den volkswirtschaftlichen Investitionsplan. Um jedoch ein weiteres Neubaugebiet entstehen zulassen, musste im Unterschied zum **Forstberg** oder **Birkenweg** erst die alte Bausubstanz beseitigt werden.

Das bedeutete: Abschied von **Bäcker Wetzel**, **Fräulein Fessels Krämerladen, Karl Döbbers Milchladen**. Sogar landwirtschaftliche Betriebe gab es in der Feldstraße. Bei **Götze** und **Görnandt** auf dem Hof konnte man noch richtig in Kuhfladen treten.
Für Kinder unvergessen: Die kleinen Tütchen mit Sauerkraut oder Brausepulver, die sie sich für fünf oder zehn Pfennig bei Luise Fessel in der Hofpause holten.

Mitte der 70er-Jahre begann der Abriss der ersten Häuser

In den Höfen war viel Platz, um mit dem Holzroller zu fahren

„Zaubern" konnte Stellmacher **Alfred Montag**, der vor allem bei der Reparatur von alten LKWs wahre Wunder vollbrachte.

Von 429 Wohneinheiten wurden 359 abgerissen. Diese kleinen Vorstadthäuser aus dem Georgi-Viertel, dem ältesten Siedlungsbereich von Mühlhausen, verschwanden für immer. Der bauliche Zustand hätte in den meisten Fällen eine Modernisierung erfordert, die niemand bezahlen konnte und die auch keinen neuen zusätzlichen Wohnraum gebracht hätte.

Das Traditionslokal Tannhäuser gegenüber vom Busbahnhof wurde ebenfalls Ende der 70er abgerissen

Auch diese Häuser verschwanden für immer.

Die ersten Fünfgeschosser waren schnell hochgezogen.

1977 begann man mit der Errichtung eines **Großwohngebietes** mit 2100 Wohnungen. Erstmals wurden in Mühlhausen fünfstöckige Blöcke errichtet, die man aus dem Wohngebietsheizkraftwerk mit Gas versorgte. Geplant waren ursprünglich auch Hochhäuser als **Höhenakzente,** die aber nicht genehmigt wurden. Vermutlich wären diese in architektonische Konkurrenz zu den markanten, das Stadtbild prägenden Kirchtürme getreten.

DAS ERSTE HAUS AM PLATZE

HOTEL STADT MÜHLHAUSEN WAR LANGE WAHRZEICHEN DER STADT

Am Vormittag des 16. Oktober 1967 lief an der Tankstelle am **Wilhelm-Pieck-Platz** der letzte Liter Benzin aus der Zapfsäule. Danach begann die Demontage. Drei Tage später wurden die Benzintanks mit einem Spezialkran herausgehoben. Das Gebäude blieb vorläufig stehen und diente als Baubüro für den geplanten Hotelerweiterungsbau neben dem Grundstück des Hotels Schlenker.

Die Tankstelle hatte 1967 ausgedient

Am 8. Januar 1968 wurde mit dem Rückbau der Häuser Wilhelm-Pieck-Platz 18 bis 22 begonnen. Darin befanden sich auch die **Elite-Drogerie** und das Friseurgeschäft Erich Hottop. Dem Friseurgeschäft Hottop stellte man am Wilhelm-Pieck-Platz einen neuen Gewerberaum zur Verfügung. Die wenigsten Probleme bereitete die Umlagerung der **Elite-Drogerie**, die gehörte schon zur HO.

Auf dem Grundstück Erfurter Straße 47 befand sich bereits seit dem 18. Jahrhundert der Gasthof „Goldener Engel", ab 1852 „Hotel zum Englischen Hof", 1913 wurde das Hotel von **Julius Schlenker** übernommen.

Nach 1945 wurde das Haus als „Schlenkers Hotel" von **Paul Schlenker** weitergeführt und 1959 von der HO. Obwohl es mit 50 Betten das größte Hotel in Mühlhausen war, musste es dringend erweitert werden. Bis dahin gab es nur 193 Hotelbetten in der ganzen Stadt. **1967** begannen dann die Vorarbeiten für den Bau des **Hotel Stadt Mühlhausen**. Vom Rat des Bezir-

kes Erfurt gab es zwei Varianten zu beraten: 1. Ausbau des Hotels und der anliegenden Gebäude am Wilhelm-Pieck-Platz oder eine 2. Erweiterung des vorhandenen Hotels durch einen mehrgeschossigen Neubau am Wilhelm-Pieck-Platz. Der Rat entschied sich für die Variante 2.
Danach bildete die HO Mühlhausen einen Aufbaustab unter Leitung von **Günter Körber**, der die Vorbereitung und Durchführung absicherte. Ein zentraler Aufbaustab mit Vertretern des Rates des Kreises und der Stadt, der beteiligten Betriebe und der SED-Kreisleitung kam anfangs wöchentlich zusammen, um alles zu koordinieren. Am 8. Januar 1968 wurde dann der Bauzaun vom **VEB Wohnungsbaukombinat Erfurt, Betriebsteil Mühlhausen**, aufgestellt und ein paar Tage später begannen die Abrissarbeiten. Jetzt nutzte man die stillgelegte Tankstelle als Bauarbeiterunterkunft.

Großbaustelle Untermarkt 1968

Im Frühjahr 1968 begannen dann die Arbeiten an der Baugrube, wobei sich auch bald die ersten Schwierigkeiten zeigten. Während ein Teil des Untergrundes aus äußerst festem Travertin bestand, der den Einsatz von Presslufthämmern erforderlich machte, gab es auf der Nordseite einen wasserführenden Einschnitt, der mit Beton verfüllt werden musste.
Der vorgesehene Ablaufplan konnte aber weitgehend eingehalten werden, und am 26. Juli 1968 erfolgte die Grundsteinlegung für den siebengeschossigen Erweiterungsbau. HO-Direktor **Albert Fischer** verlas die auf Pergament geschriebene Gründungsurkunde, die in einer luftdichten Schatulle in der Grundmauer ihren Platz fand, und der 1. Kreissekretär der SED nahm mit den obligatorischen drei Hammerschlägen die Grundsteinlegung vor. Das anschließende Sektfrühstück fand dann in der Baugrube statt. Am 15. Oktober 1968 rückte dann der Baukran **Rapid** des Wohnungsbaukombinats an, nachdem die Arbeiten am Erdgeschoss soweit abgeschlossen waren. Die sechs Obergeschosse des Hoteltrakts waren in Plattenbauweise geplant worden, so dass es zügig voranging. Am 10. Dezember 1968 fand dann das Richtfest für den Neubautrakt statt.
Nach dem Abbau des Drehkranes sollte es eigentlich am Wirtschafts- und Zwischentrakt zügig weitergehen, aber da machte der strenge Winter einen dicken Strich durch den Ablaufplan, so dass erst Ende März 1969 richtig weitergearbeitet werden konnte.

Das Haus im Plattenbaustil stand keine 30 Jahre

Zwar wurde mit einem „Ofenwagen", der warme Luft in den Neubau- und Zwischentrakt pustete, ein Teil der Ausbauarbeiten abgesichert, aber es blieb doch allerhand aufzuholen.

Und dann immer wieder die Materialschwierigkeiten, die so ein nicht bilanzierter Initiativbau mit sich brachte. Das kostete schon einige Nerven. Immer wieder wurden Lösungen gefunden. Oft musste der Projektleiter durch die halbe DDR fahren, um Fliesen und anderes Material, Einrichtungen, Hotelausstattung usw. zu beschaffen. Die Ausbau- und Einrichtungsarbeiten gingen irgendwie voran, oft durch Sonderprämien u. Ä. angespornt, denn das große Ziel der Eröffnung war von Anfang an der **20. Jahrestag der Republik**. Inzwischen wurde auch der Wilhelm-Pieck-Platz umgestaltet. Am **7. Oktober 1969**, dem 20. Jahrestag der Republik, erfolgte dann die feierliche Übergabe und Eröffnung des neuen **HO-Hotel Stadt Mühlhausen**. Vertreter des Rates des Bezirkes und der HO-Bezirksdirektion und der örtlichen Organe waren anwesend und des Lobes voll über das Geschaffene. Das erste Millionenobjekt der HO Mühlhausen war trotz vieler Schwierigkeiten termingerecht übergeben worden.

Das Hotel-Restaurant war äußerst beliebt

PI-COMBO

DIE „MÜHLHÄUSER BEATLES" SAHEN IHREN VORBILDERN SEHR ÄHNLICH

Am Pädagogischen Institut (PI) gab es eine Hauskapelle, die **PI-COMBO**. Organist **Kurti** und Schlagzeuger **Harald Kandel** waren die beiden einzigen Studenten. Mit von der Partie war „Beatle" **Rainer Frenzel** als Bass-Gitarrist. Er arbeitete im **Röhrenwerk** als Trafo-Wickler im Elektrogerätebau und hatte, der Spitzname lässt es vermuten, einen schönen Pilzkopf. Seine Fähigkeiten bezüglich des Wickelns von Transformatoren waren heiß begehrt. Es lief nämlich kein Kapellenverstärker ohne Trafos. Fertige Verstärker waren Goldstaub. Deshalb bauten die Bandmitglieder, wie es viele zu DDR-Zeiten taten, ihre Trafos und Verstärker selbst. Die Röhren dazu gab's natürlich im Röhrenwerk!

Die PI-Combo mit Kurti Heinrich, Rainer Fritzlar, Rainer Frenzel, Harald Kandel und Jürgen Engelmann (v. l.)

Der Melodiegitarrist war Jürgen Engelmann und als Werkzeugmacher bei **ZEKIWA** (Zeitzer Kinderwagenfabrik) gut geeignet für die mechanischen Dinge beim Verstärkerbau.
Kurtis Orgel war die erste Elektronenogel aus Markneukirchen, eine IONIKA, noch mit Elektronenröhren bestückt. Nachteil: Die „Kiste" musste etwa zwei Stunden warmlaufen, damit die Töne sauber und stabil standen. Dann war es ein richtig geiler Sound und passte wunderbar zur **Beatles-Ära**. Den Klang von **My bel ami** haben viele noch im Ohr. Als Rundfunkmechaniker-Lehrling wurde **Ludwig Pölitz** zum wichtigen Mann für die Orgelpflege. „War technisch sehr interessant, und ich kam so auch sehr oft ohne Karte ins Konzert", erinnert sich Pölitz.
Saxophonist **Rainer Fritzlar** bestimmte später die Szene in Erfurt maßgeblich mit, bei **Bluesvital** und **Vital**. Fritzlar hatte in Gotha ein Studium zum Lehrmeister absolviert und im Funkwerk Erfurt in der Berufsausbildung gearbeitet.

SCHLANGESTEHEN AM VOLKSGARTEN

OHNE BEZIEHUNG KAM MAN SAMSTAGS NICHT IN DIE DISKO

Die erste Diskoveranstaltung im neuen **Zentrum der Jugend** (ZdJ) fand am 29. November 1972 statt. Weil sie gut besucht war, sollte sie künftig alle 14 Tage durchgeführt werden.
Es kam aber anders: Erst am 18. Juni 1973 wurde wieder eine **Diskothek im ZdJ** eröffnet.
Thomas Köhler, ein gelernter Zahntechniker, hatte 1973 schon den **Volksgarten** erobert, war gerade 18 Jahre alt, als er gemeinsam mit Partner **Thomas Hesse** als Team im **ZdJ** regelmäßig Platten auflegte. Ab 1977 war Köhler fest im Zentrum der Jugend als Veranstaltungsleiter angestellt. Er organisierte jeden DJ, jede Gruppe, jeden Tanzstundenabschlussball. Auch für Einlass und Ablauf

der Veranstaltungen war er zuständig. Ordnungsgruppeneinsatz und Werbung fielen auch in sein Aufgabengebiet. Im Zentrum der Jugend gab es eine **AG Disko**, zu der mehrere DJs gehörten. Köhler teilte sich mit Thomas Hesse die Arbeit. Der war sein erster Partner im „Team ZdJ". Ab den 80er-Jahren organisierte Köhler unter dem Namen **Musik-Zirkus** die Veranstaltungen.

Jeden Samstagnachmittag mussten die Karten erst einmal erstanden werden

Doch irgendwann reichte angeblich sein Organisationstalent für den Job im ZdJ nicht mehr aus. Er sollte nach Vorgaben des Rates des Kreises einen Abschluss als Kulturwissenschaftler nachweisen. Deswegen studierte er dann noch vier Jahre.

„Wir hatten ein Programm wie in Berlin", erinnert sich Köhler (Jahrgang 1955). **Puhdys, Karat, City, Frank Schöbel, Nina Hagen** – alle waren sie zu Gast am **Schützenberg**. Über die Konzert- und Gastspieldirektion kam Köhler an alle Stars heran.

Mädchenschwarm Thomas Köhler

Das Haus in der Johannisstraße war viele Jahre „Bestes Kulturhaus im Bezirk Erfurt". Im Haus gab es die Tanzgruppe von **Gudrun Pröter** und den Mal- und Grafikzirkel von **Jan-Harald Herpe** sowie einen Fotozirkel.

Mal- und Grafikzirkel mit Jan Harald Herpe

Schützenberg, Volksgarten, Zentrum der Jugend. Mittwochs bis samstags ging hier die Post ab. Vor allem für die Samstagsveranstaltungen hieß es für die Besucherinnen und Besucher, ab 16 Uhr Schlangestehen. Wohl dem, der Beziehungen zur **Ordnungsgruppe** hatte und leichter an Karten herankam. Viele mussten auch enttäuscht abziehen, gingen in andere Diskotheken oder Jugendklubs.

Am Schützenberg jedenfalls ging es um fünf Stunden Disko-Spaß, von 18 bis 23 Uhr. In die kleine Disko passten 120 Leute – drin waren meist 200! Der Saal war auch nur für 580 Leute zugelassen. Bis zu 1000 Menschen besuchten dort mitunter die Konzerte.
Mühlhausen hat eins der letzten Konzerte von **Manfred Krug** vor seiner Ausreise in den Westen erlebt. Damals waren im Publikum nicht nur wirkliche Krug-Fans, sondern zahlreiche Zuhörer aus „beruflichen Gründen"! Die Karten für dieses Konzert waren über die Betriebe verteilt worden. Thomas Köhler hat damals den Vorhang aufgezogen und gehört, wie „Manne" Krug sein ganz spezielles Publikum begrüßte.

Die Diskoveranstaltungen waren ja um 23 Uhr beendet. Der **Diskococktail**, der einmal im Monat unter verschiedenem Motto stattfand, ging bis 1 Uhr früh. Ärger hat es nie gegeben. „Musik aus, Licht an ... und raus", hat immer geklappt.

Finale des Programms des Karnevalsvereins Zentrum der Jugend Mitte der 80er-Jahre

DJ Köhler reiste neben seiner Arbeit im ZdJ in der ganzen DDR herum. Irgendwann landete er im **Palast der Republik**. Diese **Berlin-Initiative** hatte er der Mühlhäuserin **Viola Demme** zu verdanken. Die empfahl Köhler, als im Palast ein Faschings-DJ gesucht wurde. Den Veranstaltern gefiel Köhlers Auftritt so gut, dass sie ihn für drei Auftritte pro Jahr – jeweils freitags, samstags, sonntags – engagierten. Für Köhler war die Zeit von 1977 bis 1990 eine aufregende Zeit. „Ich war fast nie zu Hause", erinnert er sich.

THOMAS MÜNTZER

UMSTRITTENER REBELL UND NAMENSGEBER

Den Namen **Thomas-Müntzer-Stadt** behielt Mühlhausen ganze 16 Jahre. Denn die Stadtverordneten-Versammlung hatte am 21. Februar 1991 mit großer Mehrheit beschlossen, den Namen **Thomas-Müntzer-Stadt** abzulegen. Die Begründung: Die Geschichte der Stadt sollte sich nicht nur auf eine Persönlichkeit beschränken. Der Name war der Kreisstadt am 17. März 1975 auf Beschluss des **DDR-Ministerrates** verliehen worden. Auch ohne Beinamen erinnert vieles in der Stadt an Müntzer. So tragen oder trugen neben der **Thomas-Müntzer-Gesellschaft** unter anderem ein **Denkmal**, eine **Regelschule**, ein **Park**, eine **Straße**, eine **Gaststätte** und eine **Gartenanlage** den Namen des Rebellen.

Befürworter des Beinamens verweisen gern auf das neue Rollenbild Müntzers und beklagen eine Benachteiligung des Theologen und Anführers des Bauernkrieges 1525, der in Mühlhausen gewirkt, den **Ewigen Rat** ins Leben rief und vor den Toren der Stadt hingerichtet wurde.

Müntzer ist überall

Der Reformator, Zeitgenosse und Konkurrent von **Martin Luther** spiele kaum eine Rolle in der Geschichte, meinen Kritiker. Die können sich auch von daher eine erneute Namensgebung für Mühlhausen kaum vorstellen. Müntzer sei sicher ein wichtiger Mann gewesen, vor allem für den Osten. Aber deutschlandweit sei der Name kaum bekannt und eher negativ besetzt. Außerdem fühle sich Mühlhausen auch mit **Bach, Röbling** und anderen Persönlichkeiten verbunden.

In Mühlhausen steht seit August 1951 am Pfarrhaus bei der Marienkirche eine Gedenktafel für Thomas Müntzer, der von Februar bis Mai 1525 hier wohnte. Am 1. März 1971 wurde dem in Mühlhausen stationierten Motorisierten Schützenregiment 22 der Ehrenname „Thomas Müntzer" verliehen.

Werbung für den Thomas-Müntzer-Film 1953

Die Idee, Müntzer ein Denkmal zu setzen, war bis Mitte des 20. Jahrhunderts keinem gekommen. Die Verteufelung des radikalen Reformators blieb lange Zeit so dominant, dass er an keinem öffentlichen Ort erwünscht gewesen sei, meinen die Befürworter. Darstellungen des Theologen in der bildenden Kunst gab es kaum.

Das Müntzer-Denkmal in Mühlhausen entstand erst 1957 als „personales Monument". Das von Will Lammert (1892–1957) geschaffene Werk an der Stadtmauer zeigt erstmals Müntzer als Vollfigur mit Schwert und Bibel. Dieses Müntzer-Denkmal markiert deshalb einen Höhepunkt und zugleich einen Endpunkt. Später, aber noch vor der Wende, wurde Müntzer von Künstlern nicht mehr auf Sockel gestellt, sondern in Konfliktsituationen gezeigt. Müntzers Kritiker und Fürsprecher werden dafür sorgen, dass zumindest das Thema **Thomas-Müntzer-Stadt** nicht in Vergessenheit gerät.

PLANWAGENTOUR

AUF SPUREN THOMAS MÜNTZERS – 450 JAHRE NACH DEM BAUERNKRIEG

Ein historischer Marsch, der für viel Aufsehen sorgte, begann im Juli 1975. Zu Beginn der Sommerferien machten sich 250 Kinder und 70 Begleitpersonen aus 25 Schulen des Kreises Mühlhausen auf den Weg, um auf den Spuren **Thomas Müntzers** und seiner revolutionären Scharen zum Schlachtberg nach Bad Frankenhausen zu gelangen. Über die Stationen Schlotheim und Sondershausen fuhren die Wagen nach Bad Frankenhausen.

Die Planwagen-Kolonne wurde überall begrüßt

Die Jungen aus der Johannes-R.-Becher-Schule

Die Tour stand unter dem Motto **Die Enkel fechten's besser aus** und war als Erinnerung an den Bauernkrieg, dessen blutiges Ende 450 Jahre zurücklag, gedacht. Der Tross bestand aus 28 Planwagen, die von 56 Pferden gezogen wurden, und war zirka 1000 Meter lang. Die Teilnehmer kamen aus den Schulen des Kreises. Sie übernachteten in Planwagen und in Zelten. Ein Lkw der **Gesellschaft für Sport und Technik** (GST) begleitete die Tour und transportierte die sperrigen Sachen. Mit an Bord waren eine Tischtennisplatte, Materialien für Bastel- und Wissensstraßen, Pfeil und Bogen, Stangen zum Klettern. Die Aktion wurde von **Michael Wirth**, dem Abteilungsleiter Sport des Pionierhauses Mühlhausen, geleitet, der wie alle anderen Teilnehmer in historischen Klamotten unterwegs war. Sogar **Adi** und **Tina** vom **Kinderfernsehen** waren streckenweise mit dabei. Eine „weiße Maus" fuhr vornweg.

Wer zum Beispiel mal unterwegs in die Büsche musste, durfte seine Wagennummer nicht vergessen. Ansonsten war der Wagen schwer wiederzufinden – in diesem so langen Zug.
Die Gefährte wurden von prächtigen Kaltblütern, schweren Warmblütern und Haflingern gezogen.

Michael Wirth (3. v. r.) ging meistens voran

Im Lager gab es dann weder Strom noch warmes Wasser. Jede Schule hatte eine eigene Regenbogenfahne. Abends wurde eine Wagenburg gebildet. Nach zehn Tagen kehrte der Tross nach Mühlhausen zurück.

Hans Hakanson sorgte mit seinem Akkordeon für Stimmung

ABSCHIED VON DER SCHULE

IM BUNTEN KOSTÜM ODER GANZ IN SCHWARZ

Dieser Termin stand seit vielen Jahren fest. **Der letzte Schultag**. Bevor die schriftlichen Prüfungen begannen, ging es ein letztes Mal zur Schule.

Die Klasse 10a der POS IX sagt 1982 adieu

Zöpfe zum Abschied von der POS VIII 1980

Für viele Schulabgänger ein Anlass, sich zu verkleiden. Entweder als **Trauergemeinde**, als **Schulanfänger** oder zu einem **speziellen Motto**. Manche kamen

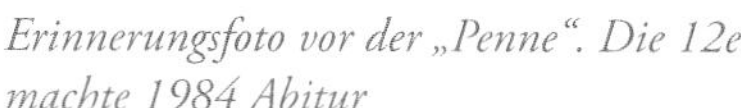

Erinnerungsfoto vor der „Penne". Die 12e machte 1984 Abitur

„babyhaft" in die Schule – mit gebastelten Schnullern aus Lollis, mit Zöpfen, kleinen Ranzen und Miniröckchen sowie Trillerpfeifen. Eine 12. Klasse färbte sich 1984 Bettlaken in Rosa, um einheitlich auszusehen.

Andere machten sich schick. An diesem Tag gab es keinen Unterricht, höchstens ein Treffen auf dem Schulhof oder im Klassenraum. Danach stand „Party" auf dem Stundenplan. Manche entwickelten ein Programm, in dem sie den erlebten Schulalltag und insbesondere so manchen Lehrer durch den Kakao zogen.

Für diesen letzten Tag waren die Abläufe weitgehend festgelegt. Es wurde ein Ort zum Feiern verabredet. Oftmals saß man gemeinsam am Mittagstisch und traf sich am Abend zur Gartenparty. Viele Klassen zogen auch einfach nur durch die Stadt. Lautstark mit Trillerpfeifen und Trommeln machten sie Wohngebiete oder die Innenstadt unsicher. Alkohol war nicht das Wichtigste, erzählen manche.

Auch sie hatten 1980 ihren letzten Schultag – die Berufsschüler des Röhrenwerkes

Getrunken wurde an so einem Tag aber trotzdem reichlich. „Wir waren den ganzen Tag nur glücklich und die meisten am Ende des Tages ziemlich trunken – und das nicht nur vor Freude", erinnert sich eine Schulabgängerin.

Warnstreik der Auszubildenden der IE 2 im Mai 1990 – Die Zeiten hatten sich geändert

WOLLDECKE IM RUCKSACK

FREIZEITSPASS MIT GLEISANSCHLUSS IM THOMAS-MÜNTZER-PARK

Sommerfilmtage, Oper, Konzerte und Hochseilartisten. Der **Rieseninger** war viele Jahre der Treffpunkt für Familien, Frischverliebte, Großeltern und Kinder. Mit einer Wolldecke im Rucksack zogen die Mühlhäuser zur Freilichtbühne am „Rieseninger“. Die Decke wurde dann an kalten Sommerabenden auf der Naturbühne um den Körper gewickelt. In der Dunkelheit ging es wieder heim, ein Bus fuhr nicht. Auch aus den benachbarten Kleingartenanlagen kamen die Menschen gern herüber.

Diese Röhrenwerker waren Anfang der 50er im NAW-Einsatz

Die Grundsteinlegung für die **Freilichtbühne am Rieseninger Berg** erfolgte im Februar 1953. Als Teil des Nationalen Aufbauwerkes (NAW) begannen die Arbeiten. Insgesamt 15250 Stunden, davon 1200 von Handwerkern, wurden geleistet.

Am 1. Mai 1953 konnte die **HO-Gaststätte Parkhaus** eröffnet werden. Das Freilichttheater wurde am 25. Mai feierlich eingeweiht. **Der arme Konrad** von Friedrich Wolf und ein Abend später **Thomas Müntzer, der Mann mit der Regenbogenfahne** waren die ersten Aufführungen. Im selben Jahr beschloss die Stadtverordnetenversammlung die Umbenennung des **Rieseninger Berges** in **Volkspark Thomas Müntzer**. Das neue Ausflugsziel der Mühlhäuser stand auf einem 75 mal 75 Meter großen Areal. Die Bühne war 20 mal 15 Meter groß. Sie wurde von einer dichten Waldkulisse wirkungsvoll eingeschlossen. Die 2000 Zuschauer hatten eine wundervolle Sicht auf das Bühnengeschehen.

Am 11. Juni 1953 zeigte das Nationaltheater Weimar **Fidelio**. Für „die Stadt ein Kulturereignis von überwältigender Größe“, schreibt Kulturwissenschaftler Franz Zeilinger später. 1954 wurde der **Waffenschmied** von Albert Lortzing aufgeführt, im Juni 1955 war die **Brigade der Luftartisten** auf dem Hochseil zu erleben. 1957 kamen 15 000 und ein Jahr später sogar 24 000 Besucher. Anlässlich der „Kulturtage“ der Gewerkschaften stand 1961 **Der Freischütz** auf dem Programm.

1974 wurde der Park umgestaltet, bereits im Herbst 1973 waren neue Wege angelegt und Anpflanzungen vorgenommen worden. Die Freilichtbühne hatte nunmehr 2500 Sitzplätze. 1975 gab es hier die Thomas-Müntzer-Festspiele und ein Sängertreffen. Im Juni 1979 fanden das erste Parkfest und die Sommerfilmtage statt.

Herbert Roth war hier, die **Puhdys, Zoe** und viele andere Gruppen. **Goiko Mitic** war ebenfalls Stammgast. Denn zum Ki-

Gut gefüllt war die Tribüne auch noch in den 80er-Jahren

noprogramm gehörten zahlreiche DEFA-Indianerfilme. Unvergessen ist auch der Musikfilm **Heißer Sommer**, den viele Zuschauer, wieder eingemummelt in Decken, am Rieseninger gesehen haben.
Eine Mühlhäuserin erinnert sich, dass sie mit ihrer Großmutter das Stück **Madame Butterfly** anschaute. An der entscheidenden Stelle kam allerdings ein Zug vorbei. Zurückspulen ging nicht – Schade!

Eine Gruppe junger Männer wollte besonders clever sein. Wegen des Alkoholverbotes versteckte sie vor einem Kinoabend einen Kasten Bier im Gebüsch. Drinnen angekommen fanden die Kinobesucher weder Busch noch Bier wieder.

Das „Parkhaus" war als Ausflugsgaststätte immer gut besucht

VIELE BRAUEREIEN

THURINGIA BLIEB ÜBRIG UND VERSORGTE MEHRERE KREISE

Im Jahre 1861 gab es noch 16 Brauereien in der Stadt, aber nach und nach wurden die kleinen Brauhäuser von den größeren Brauereien verdrängt. Die Familie **Schmidt** hatte sich als Brauereibesitzerin schon einen Namen gemacht und baute dann 1875 vor dem äußeren Frauentor in der Johannisstraße ihre **Thuringia-Brauerei**.

Hier waren jetzt die Lagerkeller gleich im Werksgelände integriert, und die Brauerei entwickelte sich bald zum führenden Betrieb im Brauwesen der Stadt. 1911 belieferte die **Thuringia-Brauerei** 34 Gaststätten in der Stadt

Werbung für die Bergbrauerei Mühlhausen

Betriebsstätte der Thuringia-Brauerei

und hatte Filialen in Uder, Bleicherode und Friedrichroda. Ab 1943 gab es nur noch drei Bierbrauereien in Mühlhausen, die **Thuringia-Brauerei**, die **Reichsquell-Brauerei** und die **Bergbrauerei**.

In der Sowjetischen Besatzungszone wurden dann zahlreiche Betriebe der ehemals aktiven Nazis enteignet und auch die Thuringia-Brauerei ging „in Volkseigentum über", wie es damals hieß. Auch die **Reichsquell-Brauerei** an der Burg wurde volkseigen, und die **Bergbrauerei** lief als Betrieb mit staatlicher Beteiligung weiter.

Produktionsstätte An der Burg (1950)

Jetzt wurde das Bierbrauen sozialistisch geplant. Aber trotz aller Planung gab es immer wieder Engpässe. Mal fehlten Flaschen oder die Harrasse. In den heißen Sommern wurden Brause und Bier oft zur Mangelware. Und das, obwohl die mehr als 300 Mitarbeiter Sonderschichten nachts und samstags fuhren. Doppelschichten gab es regelmäßig. Betriebsteile standen in Heiligenstadt, Ebeleben, Mihla und Wilbich. Das meiste Bier wurde jedoch in Mühlhausen hergestellt: alkoholfreie Getränke in der Bergbrauerei, Fassbier an der Burg. Das Sudhaus befand sich immer in der Johannisstraße. Mit dem Tankwagen wurde die Bierwürze zur weiteren Gärung und Reifung zum Betriebsteil An der Burg gebracht.

Gebraut wurde rund um die Uhr. Im Sudhaus arbeiteten die Mitarbeiter/innen in drei Schichten. Die „Abfüllung" – dort waren viele Frauen tätig – arbeitete in zwei Schichten. Vor allem die veraltete Technik ließ keine Kapazitätssteigerung zu. In den Sommermonaten und zu Weihnachten gab es

einen **Getränkestab**, der sich um die Verteilung des wertvollen Getränkegutes kümmerte. Kaufhallen und Gaststätten hatten Vorrang, erst dann kamen die Getränkestützpunkte. Hauptproblem war das Leergut. Die **Plastfächerkästen** für die 0,33-Liter-Flaschen reichten nicht. Später wurde deshalb auf die Abfüllung von 0,5-Liter-Flaschen umgestellt.
Zeitweise lagen nämlich 18 Millionen Halbliterflaschen nutzlos im Hof der Brauerei. Deshalb wurden beide Abfüllanlagen umgebaut. Denn für die größeren Flaschen gab es auch genügend Kästen. Abgefüllt wurden Pils, Pilsator und Bockbier. Die zweite Abfüllanlage war für Selterswasser, Vita Cola, rote, grüne Brause, Maracuja, Orange und Mandora vorgesehen. Gab es nur weiße Flaschen, konnten nur alkoholfreie Getränke, in den braunen Flaschen nur Bier abgefüllt werden.

Am 20. September 1976 konnte das Mehrzweckgebäude im VEB Brauhaus Mühlhausen, in dem alle Sozial- und Sanitärräume untergebracht waren, seiner Bestimmung übergeben werden. Laut Stadtchronik wurden 1962 täglich bis zu 400 Hektoliter Fassbier, 50 000 Flaschen Bier und 42 000 Flaschen alkoholfreie Getränke hergestellt.

Die Mühlhäuser Brauerei versorgte den Kreis Mühlhausen und Kunden in den Kreisen Bad Langensalza, Worbis, Heiligenstadt, Eisenach und Sondershausen. In den 80er-Jahren wurden 60 000 Flaschen Bier und 36 000 Flaschen alkoholfreier Getränke pro Stunde hergestellt. Probleme gab es zeitweise mit den Grundstoffen, die über den Schienenweg kamen. Auch bei der Auslieferung waren die Thuringia-Leute auf sich selbst angewiesen. Der betriebseigene Fuhrpark war überaltert und dadurch viel „Knochenarbeit" für die Ausfahrer angesagt.
Den Leergut-Problemen begegnete man mit **Tankbier**, das lose in Gaststätten

Thuringia-Mitarbeiter auf Männertagstour 1964

wie **Hotel Stadt Mühlhausen, Thuringia, Mitropa** und **Grüne Linde** gefahren und in dort vorhandene Tanks gefüllt wurde. Oft wurden auch Fässer benutzt, um die Leergut-Probleme bei der Abfüllung zu bewältigen.

Obwohl das Bier vom **VEB Brauhaus** schmeckte, wollten die Mühlhäuser auch gern mal ein **Radeberger** oder ein **Wernesgrüner Pils** trinken. Mit der **Pilsner Bierstube** im 1969 fertiggestellten **HO-Hotel Stadt Mühlhausen** konnte dann dieser Wunsch erfüllt werden. Ansonsten musste man eben einen Verkaufsstellen- oder Gaststättenleiter gut kennen, wenn man mal einen Kasten **Spezialbier** haben wollte. Für diese Spezialbiere gab es Kontingente innerhalb des Getränkekombinates Erfurt. Spezialbiere wurden dessen zehn Betrieben zugeteilt.

Straßenbauarbeiter gegenüber des Hotels Grüne Linde

Noch 1989 gab es das **Mühlhäuser Spezial**. Gut in Erinnerung dürfte auch noch das **Kirmesbräu** sein, das 1989 anlässlich der Stadtkirmes angeboten wurde. Schade, dass es in den Handel, aber nicht in die Kirmesgemeinden kam. Da die Hektoliterzahl für bessere Qualitäten vorgeschrieben war, hätte es jedoch ohnehin nicht für alle mehr als 40 Kirmesgemeinden gereicht. 1992 wurde die Thuringia-Brauerei privatisiert. Mit der Einstellung der Produktion 1995 ging eine 150-jährige Brautradition zu Ende.

PROBLEME MIT KETCHUP

LECKERE MÜHLHÄUSER SATTEL UND HAMBURGER AUS DEM IMBISSWAGEN

Imbisswagen gab es Ende der 80er-Jahre gleich mehrere im Stadtgebiet. Drei standen entlang der **Fußgängerzone Steinweg**: Der erste an der **Stätte**, der zweite in Höhe **Allerheiligenkirche** von **Michael** und **Sabine Adam** und der dritte an der **Persiluhr** von **Hagen Mülling**. Auch am **Untermarkt** hatte **Volker Brandt** von 1988 bis 1990 einen umgebauten **Bastei-Wohnwagen** als Würstchenbude stehen. Laut Vorschrift sollte es nur Bockwurst mit Brot für 85 Pfennige und **Mühlhäuser Sattel** für 2,15 Mark geben. Die Getränkekarte bestand aus Kaffee und Orangensaft.

Der „Sattel" war eine Art Mühlhäuser Hamburger. Er bestand aus Bröt-

Dieser Imbiss stand Ende der 80er an der Stätte

chen, Sauerkraut, gegrillten Jagdwurstsscheiben und Ketchup. Die gefüllten Brötchen waren der Imbiss-Renner. Bereits vor Öffnung des Imbisses hatte Mülling die Zettel mit den Bestellungen an der Tür stecken. Um die Mittagszeit lief der Imbiss auf Hochtouren. Geöffnet war er montags bis freitags von 10 bis 16 Uhr. Probleme gab es mit der Beschaffung des Ketchups und mit der Menge der Brötchen. Da half dann ein Vogteier Bäcker aus. Ärger bekam Hagen Mülling auch wegen des Namens **Hagens Ibiza**. Deshalb machte er kurzerhand **Hagens Ibizza** draus.

„Meine Hamburger waren komplett selbstgemacht", erinnert sich Volker Brandt. „Ein Mühlhäuser Bäcker hat mir jeden Tag die entsprechenden Brötchen gebacken." Das Fleisch und die Soße stammte aus eigener Herstellung. Die Hamburger waren sehr beliebt und jeden Tag ausverkauft.

Nach der Wende hat die Stadt Mühlhausen alle mobilen Imbisswagen aus dem Stadtzentrum verbannt. Einen Hamburger kann man jetzt allerdings an jeder Straßenecke kaufen.

Familie Adam hatte ihr Domzil schon damals an der Allerheiligenkirche

TOLLER BLICK VOM STADTBERG

IM LIEBLINGSLOKAL DER MÜHLHÄUSER WURDE ALLES GEFEIERT

Familienlokal mit beliebtem Rundblick über die altehrwürdige Stadt – so wird der **Stadtberg** den Mühlhäusern stets in Erinnerung bleiben.

Blick von der Terrasse

Die bereits seit zirka 1865 bestehende Gaststätte wurde im Jahr 1947 enteignet. Bis dahin war die Thuringia-Brauerei der Familie Schmidt die Eigentümerin. Pächterin **Margarete Ranft** (1884–1974) führte die Geschäfte weiter und übergab sie 1950 an ihren Sohn Rudolph.

Die Maskenbälle im Saal mit der Kapelle **Astra** waren in den 50er-Jahren besonders beliebt. 1957 luden die Ranfts zu Sommernachtsbällen anlässlich ihres 30-jährigen Geschäftsjubiläums ein. Geöffnet war täglich, außer freitags, 10 bis 22 Uhr.

1963 übernahm die staatliche Handelsorganisation **HO** die Gaststätte. Die HO öffnete sie wieder ab 2. Juni 1963. Einen Großteil der Speisenversorgung bei Veranstaltungen lieferte nun die Zentralküche der Thuringia-Gaststätte. Der bauliche Zustand war seinerzeit verbesserungsbedürftig.

1966 wurde das Objekt an die **Handwerkerschaft** übergeben. Es begann die Planung und nachfolgende Realisierung umfangreicher Bau- und Renovierungsarbeiten. Es entstand ein attraktives, voll verglastes **Café** mit 120 Sitzplätzen und Rundblick über die Stadt, ein neuer **Küchenanbau**, eine **Bar** im Keller mit zunächst 40 und später mit 60 Plätzen sowie **Fremdenzimmern** mit 12 Betten. Der **Saal** verfügte über 300 Plätze und konnte mittels großer Schiebetür in zwei getrennte Räume gewandelt werden.

Das Mühlhäuser **Handwerk** gründete eine **Kulturgenossenschaft**, die dem Ehepaar **Arnold** und **Margot Schewior** ab April 1968 die Leitung des Hauses übertrug. Im Juli 1968 wurde das Objekt als **Stadtberg-Haus des Handwerks** wieder mal feierlich eröffnet. 1970 nahm man die Gartenwirtschaft mit 500 Plätzen und den instand gesetzten Musikpavillon in Betrieb. Einige Jahre später folgten der Bau des Jugendclubs Hans Sachs und eine modernen Selbstbedienungs-Durchlaufreihe für den Garten.

Werner Groll als Lehrling in der Thuringia-Gaststatte

Der Handwerkerchor 1979

Auf dem Stadtberg war immer etwas los

Schulfest der POXI im Jahre 1981 auf der Bühne des Stadtberges

Objektleiter Schewior, gelernter Gastronom und Hotelier, hatte ehrgeizige Ziele: Hochwertige Speisen und Getränke, bestmögliche Bedienung und vielfältige Dienstleistungen. Im **Haus des Handwerks** fühlten sich Betriebe, Vereine, Familien und sonstige Gesellschaften gut aufgehoben. Neben dem **Hotel Stadt Mühlhausen** und dem **Ammerschen Bahnhof** gehörte es zu den besten Adressen der Stadt.

Fast jeden Freitag und Samstag fanden Betriebs-, Vereins- und private Feiern statt. Arnold Schewior organisierte und moderierte zahlreiche Sonderveranstaltungen wie **Fasching, Tanz in den Frühling, Sommerfeste im Garten, Kirmestanz, Hafenfeste, Hubertus- und Winzerfeste und Silvesterveranstaltungen.**

Ehefrau Margot war in der Bar und am Buffet tätig. Die Schewiors konnten sich auf einen langjährigen Mitarbeiterstamm von 15 Kollegen und bis zu zehn Aushilfskräften verlassen. Kapellen wie **Melodiker, Astra, Rolf-Hartung-Sextett, Mülana-Band** und **Künstler der Konzert- u. Gastspieldirektion Erfurt** waren Stammgäste des Hauses.

Leider scheiterte 1990 die von Arnold Schewior angestrebte Privatisierung. Das Haus wurde 1992 geschlossen und ist im Jahr 1995 abgebrannt.

VIERSPURIGER AUSBAU DER F 247

BEIDE HÄUSERREIHEN ENTLANG DER LANGENSALZAER STRASSE VERSCHWANDEN

Die Pläne für den vierspurigen Ausbau der F 247 waren schon in den 70er-Jahren entstanden, umgesetzt wurden sie erst Ende der 80er. Viele Häuser aus dem 19. Jahrhundert auf beiden Straßenseiten waren bereits nicht mehr bewohnt.

Schwierig war es vor allem, den Verkehr um die Großbaustelle herumzuleiten, denn von Anfang Juli bis Mitte Dezember 1988 war der Bereich zwischen Möve-Werk und Bonatstraße voll gesperrt. Der Verkehr wurde über die **Bonat- und Thälmannstraße** in Richtung Bahnhofsviertel und von der Tankstelle Eisenacher Straße in Richtung Leninstraße geleitet. Für den Winterverkehr wurde die Straße dann zeitweilig wieder freigegeben –

Die Häuserfront reichte damals bis an die Martinikirche

um bei Eis und Schnee nicht die steile Thälmannstraße nutzen zu müssen. Ab Juli 1988 waren die Arbeiten zum Ausbau der Langensalzaer Straße in vollem Gange. Mit der Erweiterung der Fernverkehrsstraße 247 (heute B 247) veränderten sich Bereiche der **Martini-Vorstadt** innerhalb weniger Monate auf grundlegende Weise. Die **Martinischule**, damals POS IV, steht nach dem Kreuzungsneubau direkt an der Straße. Die **Martinischenke** von **Paulchen Thiele** in der Langensalzaer Straße verschwand, und die Kirmesgemeinde Spielmannszug musste sich wieder mal ein neues Domizil suchen.

Diese Kreuzung mit Bäcker Baumbach, später Konsum-Bäckerei (links), verschwand komplett und entstand völlig neu

Beidseitig Reihenhäuser: Hier haben viele Mühlhäuser ihre Kindheit verbracht

Es verschwanden neben der Gärtnerei der **GPG Edelweis**, Bäckerei, Fleischerei, Drogerie **Käppler**, mehrere **Tante-Emma-Läden** und viele andere Gebäude, die einmal zum Stadtbild gehörten.

Noch 1989 entstanden auf der linken Seite stadtauswärts fünfstöckige Neubauten in der **Ballongasse**, die bis Ende 1992 fertig gestellt wurden. Das Krankenhaus erhielt eine neue Zufahrt über die Albert-Schweitzer-Straße, die **sowjetische Garnison** blieb zunächst und verschwand erst 1992.

Das Möve-Werk im Jahre 1986, es wurde drei Jahre später abgerissen

Die alte Brunnenstraße, bevor sie zur Umgehungsstraße ausgebaut wurde

Ein Blick auf die Baustelle aus Richtung Krankenhaus

SPORTBEGEISTERTE MÜHLHÄUSER

SPIKES FÜR EIN NEUES LAUFGEFÜHL AUF EINER TARTANBAHN

Der 1. Juli 1979 war für die Sportfreunde der SG Fortschritt Mühlhausen ein besonderes Ereignis. Sie waren Teilnehmer an der DDR-Meisterschaft der Altersklassen im neu rekonstruierten Steigerwaldstadion in Erfurt. Erstmalig sollten die Laufdisziplinen auf einer Tartanbahn ausgetragen werden – ein völlig neues Laufgefühl. Im Vorfeld musste in bewährter DDR-Manier erst einmal die Laufschuhfrage geklärt werden. Anfrage in der SPOWA:

„Haben Sie Laufschuhe mit Spikes für 'ne Tartanbahn?"
Lakonische Antwort:
„Ne, ha'm wa nich, kann Ihnen auch keine Hoffnung machen, wann der Großhandel welche bereitstellt!"

Dabei waren in den DDR-Schuhkombinaten genügend gefertigt worden – für den Export! So mussten die Sportfreunde verschiedene Kanäle für den Erwerb ihrer neuen Laufschuhe, speziell für die Tartanbahn, ausfindig machen. Beispielsweise waren die Spikes an den KJS normales Trainingsgerät – gut, wer jemanden kannte ...! Sportfreund **Ludwig Pölitz** nutzte zum Beispiel den jährlichen Ferienlageraustausch mit dem Partnerbetrieb TESLA in der CSSR zum regulären Erwerb notwendiger Sportutensilien. Und letztendlich konnte die Truppe mit entsprechender Ausrüstung an den Wettkämpfen in Erfurt teilnehmen.

Die Mühlhäuser Starter 1979 im Erfurter Steigerwald-Stadion: Pit Preißer, Manfred Lange, Bernd Wildhage, Willy Schlotte, Peter Ceronin, Ludwig Pölitz, Reimund Riedel, Dieter Rossdeutscher, Horst Brandis, Folker Görlach und Karl-Heinz Ittershagen (v. l.)

Am betreffenden Wettkampftag verabredeten sich die Mühlhäuser Alterssportler auf verschiedenen Plätzen in Mühlhausen bereits um 6 Uhr. Die zwölf Teilnehmer bildeten Fahrgemeinschaften in vier PKWs. Im Erfurter Stadion war alles gut organisiert – zu Beginn wurde die einheitliche Wettkampfkleidung übergezogen. An den Start gingen die Sportfreunde in den Disziplinen 100 m, 400 m, 1500 m, Kugelstoßen, Weit- und Hochsprung sowie 4-x-100-meter-Staffel. So waren alle Sportfreunde ausreichend beschäftigt. Die Staffel mit **Brandis, Wildhage, Roßdeutscher** und **Pölitz** belegte mit einer 43er-Zeit einen tollen dritten Platz in ihrer Altersklasse.

BAUSTELLE STEINWEG

AB 1979 FUSSGÄNGERZONE UND HAUPTGESCHÄFTSSTRASSE

Schon 1968 gab es erste Überlegungen, den **Steinweg** verkehrsarm zu machen. „Doch da unserem Rat der Stadt nicht die Mittel zur Verfügung standen wie einer Bezirksstadt, konnte unser Haupteinkaufszentrum noch nicht als Fußgängerzone ausgebaut werden", sagte Stadtrat Jens Hiersemann 1977 der Zeitung **Das Volk**.

Um den Steinweg zu einer echten Fußgängerzone auszubauen, müssten Wohngebäude und Läden rekonstruiert und Maßnahmen getroffen werden, um die Belieferung der Geschäfte durch die Hintereingänge zu ermöglichen.

Der Steinweg während der Bauarbeiten 1978

Bäcker Marx baute 1983 sein Haus am Steinweg

Im September 1978 begann schließlich die Umgestaltung zur Fußgängerzone – zunächst zwischen Ratsstraße und Stätte. Im Sommer 1979 versteckten sich am Mühlhäuser Steinweg immer mehr Fassaden hinter einem Baugerüst. Bereits im Frühjahr 1979 waren die Fußwege erneuert worden. Am 5. Oktober, zwei Tage vor dem 30. Jahrestag der DDR, wurde der neue Boulevard übergeben. Die drei Maler-PGHs **Drei Schilde, Freundschaft** und **Thomas Müntzer** hatten alles gegeben und viel Farbe auf die Fassaden gebracht.

Nach der Fertigstellung des Steinwegs 1979 wurde auch der Karl-Marx-Platz neu gestaltet

Am unteren Steinweg gab es ebenfalls noch viel zu tun

Daneben wurden Hochbeete mit Pergolen gestaltet. Mit der Fertigstellung des Steinwegs eröffneten auch drei Geschäfte neu: das rekonstruierte **Stadtcafé** mit Freiluftcafe, der **Baby-Ausstatter** und die **Jugendmode-Boutique.**

Orschel galt am Unteren Steinweg als beliebter Laden für Papierwaren und Bürobedarf. Hier endete die ab 1988 erweitere Fußgängerzone

1980 wurde dann auch der Untere Steinweg in Angriff genommen. Ab 1988 wurde er zur Fußgängerzone umgestaltet.

GESCHMACKSFRAGE

SÜSSKUCHEN SCHAFFT LUFT UND GROSSE HAUFEN

In der Fastenzeit wird von vielen **Bäckermeistern** in der Stadt Süßkuchen angeboten. Das Gebäck aus einer sirupähnlichen, dicken Masse aus Honig und Pfefferkuchengewürz auf einem mit Roggenmehl bereiteten Boden blickt bereits auf eine etwa 800-jährige Geschichte zurück. Es soll somit den Kuchengeschmack des Hochmittelalters erfahrbar machen. Seine Hauptbestandteile sind Malzmehl, Roggenmehl, Sirup, Wasser als auch etwas Honig mit Pfefferkuchen-Gewürz und Anis-Körnern abgeschmeckt. Dabei passen Kuchen und Fasten eigentlich gar nicht zusammen. Aber beim Süßkuchen ist alles anders: Dieser Kuchen wird ohne Fett und Zucker gebacken. So will es die uralte Tradition.

Wenn sie hatten, gaben die Bäcker etwas **Honig** hinzu. **Pfefferkuchengewürz** ist ohnehin dabei. Denn es geht auch um die gute Verdauung. **Kardamon, Sternanis, Nelken** und **Zimt** sind nicht zu verachten und geben dem Kuchen das typische Aroma. Fürs Entschlacken sorgen außerdem **Roggenschrot** und **Malzmehl**. Malz entsteht durch gekeimte und getrocknete Gerste, wobei Stärke in Zucker verwandelt wird, das bringt dem Kuchen die typische Süße und außerdem den Darm in Bewegung.

Der Erfinder dieses Kuchens ist unbekannt. Auch der Mühlhäuser Bäcker **Frank Marx**, ein bekennender Süßkuchenliebhaber, hat nichts Schriftliches. In seiner Bäckerei wurde das Rezept mündlich weitergegeben.

Bäcker Frank Marx schwört auf Süßkuchen

Wenn auf der alten Reichsburg die Ritter tafelten, galt der Süßkuchen angeblich schon damals als leckerer Nachtisch der üppigen Ritter-Gelage. Und seither wird er vermutlich gebacken – übrigens immer zwischen Weihnachten und Ostern. So will es der Brauch. Ungeklärt ist auch, warum der Süßkuchen bisher nur in Mühlhausen Tradition hat.
Der Kuchen sieht wie dicker, brauner Brei aus, und er klebt auf der Zunge. Aber wer einmal auf den Geschmack gekommen ist, der will ihn nicht mehr missen. Für eingeborene Mühlhäuser ist er eine Köstlichkeit. Ausgewanderte Mühlhäuser lassen sich von den Bäckern der Stadt sogar **Süßkuchenpäckchen** bis nach **Berlin** oder **Stralsund** nachschicken.

Unumstritten ist er aber auch unter Mühlhäuser Bäckern nicht: Die einen sagen: „Süßkuchen müsst ihr kaufen, er schafft Luft und große Haufen."

Andere – nicht nur Bäcker – zucken mit den Schultern und fragen: „Wozu durch den Darm die ganze Chose? Schmiert doch den Brei direkt in die Hose!“

Bäckerei Ruhlandt in der Wanfrieder Straße 25

Bäckersfrau Elfriede Ruhlandt 1969 verkaufte u. a. den leckeren Süßkuchen

ALLEIN DER GERUCH

IM INTERSHOP TAUSCHTEN WIR D-MARK GEGEN MATCHBOX-AUTOS ODER KAUGUMMI

Allein wegen des Geruches werden wir diesen „Konsumtempel" nie vergessen – den Intershop. Erst ab 1969 im **Hotel Stadt Mühlhausen**, ab 1984 komplett in der **Röblingstraße** platziert. Bereits 1975 hatte eine zweite Verkaufsstelle mit dem Eingang in der Erfurter Straße eröffnet. Mit D-Mark in der Tasche musste zunächst ausgekundschaftet werden, welche Westprodukte, die wir teilweise nur aus der Werbung kannten, es gab. Manchmal entschieden wir Kinder uns aber doch dafür, den nächsten Westbesuch abzuwarten. Wer eine Oma mit Westgeld hatte, kam öfters her und konnte sich ein Matchbox-Auto oder eine Stange Kaugummi aussuchen.

Im Intershop (Gebäude vorn links) in der Röblingstraße trafen wir auf den Westen

Der Intershop hatte sieben Tage in der Woche geöffnet. Für die Mitarbeiterinnen bedeutete das, dass sie auch an den Wochenenden arbeiten mussten. Dafür hatten sie einen großen Vorteil: Sie konnten DDR-Mark eins gegen eins tauschen.
Weil aus Sicht des Staates die Verlockung zu groß gewesen war, gab es regelmäßig Taschenkontrollen. Dafür wurde ein Taschenkontrollbuch geführt. Eigentliche Zielgruppe der Shops waren vor allem Reisende aus westlichen

Ländern. Der Staat hatte es aber auch aufs Westgeld der DDR-Bürger abgesehen. Im Intershop in der Röblingstraße kümmerten sich insgesamt 15 Mitarbeiter und Mitarbeiterinnen um die Kundschaft. Es gab vier Abteilungen – Lebensmittel, Schmuck, Textil, Technik mit Haushaltswaren, Schallplatten und vor allem Ölradiatoren, die im Winter weggingen wie warme Semmeln.

Die Handelsorganisation Intershop als Träger dieser Geschäfte wurde 1962 gegründet. Später übernahm die 1965 entstandene Außenhandelsgesellschaft Forum GmbH die Abwicklung des Einkaufs und des Vertriebs über die Intershop-Läden. Bezahlt werden konnte sowohl mit D-Mark (Westgeld) als auch mit anderen Devisen, wie z. B. US-Dollar oder österreichischen Schilling. Die Preise waren vorrangig in DM ausgezeichnet und wurden zentral festgelegt. Für die Umrechnung in andere Währungen gab es spezielle Umrechnungstabellen, die allerdings kaum dem realen Tageskurs entsprachen. Ab April 1979 konnten DDR-Bürger im Prinzip nur noch mit **Forum-Schecks** in den Intershops einkaufen. Diese mussten vorher gegen Bargeld eingelöst werden. Der Nachteil: Es gab nur noch aufgerundete Preise und kein Wechselgeld. Pro zehn Pfennig wurde eine Milka-Mini-Tafel über den Tresen gereicht.

PARADIES AM STADTRAND

NAHERHOLUNG PUR AM SCHWANENTEICH

Leicht erreichbar und deshalb dauerhaftes Ziel für fast jeden Mühlhäuser: das Naherholungsgebiet am Schwanenteich, keine Errungenschaft des Sozialismus, sondern bereits vor 1945 genutzt. Viele Jahrzehnte wurde es von der **Straßenbahn** durchfahren, später fuhren Busse dorthin. Die Kulturstätte war der einzige Saal der Stadt, der für Theatergastspiele und andere Veranstaltungen wie zum Beispiel Jugendweihen ausreichend Räumlichkeiten bot. Ein **Freibad**, ein **Bootsverleih** sowie ein **Café mit großer Terrasse** rundeten das Angebot ab.

Café-Terrasse mit Ausblick aufs Freibad

Spielplatz vor dem Saal

Hinzu kamen Spielplätze. Ein hier ebenfalls geplantes Hallenbad auf der **Rettichwiese** ist nie verwirklicht worden. Flächenmäßig erstreckt sich das Naherholungsgebiet bis zum Brunnenhaus der Popperöder Quelle. Also eigentlich war der Schwanenteich jahrhundertelang der untere Popperöder Teich und erhielt seinen Namen erst, nachdem hier einige Schwäne angesiedelt und 1896 das **Schwanenteich-Restaurant** eröffnet wurde.

Brunnenfest um 1969

In den beiden Weltkriegen als Lazarett und 1945/1946 als Flüchtlingslager genutzt, diente die Saalgaststätte später für Großveranstaltungen, Theateraufführungen und Betriebsfeiern, seit den 50er-Jahren von der Handelsorganisation (HO) bewirtschaftet. Bereits 1965 wurde das HO-Terrassencafé eröffnet und versorgte ab 1967 mit seiner modernen Selbstbedienungsreihe – es soll die erste dieser Art in Thüringen gewesen sein – über 700 Terrassenplätze.

Mit der ganzen Familie zum Schwanenteich (1972)

„Männerpartie" auf dem Schwanenteich

An schönen Sommertagen waren diese 700 Plätze oft voll ausgelastet, und auch die Saalkapazitäten des „Kulturzentrums Schwanenteich" wurden ausgiebig genutzt. Ebenso die des Freibades. Der Schwanenteich ist und bleibt das Lieblings-Ausflugsziel der Mühlhäuser.

Immer wieder auch Bauarbeiten am Schwanenteich. Auf unserem Foto weist ein Schild 1970 auf die Fertigstellung eines ersten Bauabschnitts hin

GASTRONOMISCHE PERLE

IN DER SCHADEBERG-KLAUSE MUSSTE MAN VORBESTELLEN

Der Traum von einer Selbstständigkeit endete für das Ehepaar **Marlene** und **Horst Thiem** in der Gastronomie. Weil sie ihre gemütliche Gaststätte in ihrem 1974 erbauten Eigenheim errichteten und sich das Häuschen am Schadeberg befand, wurde die Wohngebietsgaststätte als **Schadeberg-Klause** eröffnet. Am 20. Juni 1987 war es soweit. Ein heller gemütlicher Raum mit 28 Plätzen mit einem Springbrunnen neben der Theke wurde schnell zum Geheimtipp für ein schmackhaftes Essen in familiärer Atmosphäre. Schon die Einrichtung der Klause war eine Herausforderung – das Material fehlte, ein Kredit musste aufgenommen werden. Eine Mischung aus Eigenleistung, Handwerkskunst und viel Glück bei der Möbelbeschaffung führte zum Ziel. Für ihr Schmuckkästchen haben die Thiems ein Stück Garten geopfert.
Horst hätte als gelernter Kfz-Mechaniker eigentlich gern eine Reparaturwerkstatt für Motorräder aufgemacht. Auch eine Eisdiele hätte er sich vorstellen können.

Für die Motorrad-Werkstatt waren die Aussichten mangels Ersatzteilen äußerst schlecht, und eine Eisdiele wurde gerade nicht gebraucht im Ort. Aber dafür eine **Wohngebietsgaststätte** nach dem Vorbild von **Peter Pyhan**, dessen **Schmudeschenke** am Arbeitsdank zu diesem Zeitpunkt ein Riesenerfolg war. An den konnten auch die Thiems anknüpfen.

Ab zweiten Tag immer gut gefüllt. Ein Blick in den Gastraum

Am Eröffnungstag kamen zwar nur vier Gäste – dafür war schon einen Abend später die Thiem'sche Klause voll, und davor stand eine Schlange. Die Straße vor dem Haus war zugeparkt. Eine Nachbarin sah den Andrang und kam zu Hilfe. Vielleicht war das Gästebuch, das Familie **Klaus Dieter Henne** den Thiems zur Eröffnung, schenkten ein **Glücksbringer** und der Beginn einer Erfolgsgeschichte. Wer ohne Vorbestellung kam, hatte meistens Pech. Entweder ging er noch eine Runde um den Schadeberg oder ließ sich für einen anderen Tag vormerken. Die Gäste kamen von überall her, nicht unbedingt aus dem Wohngebiet 18. Horst musste sich sogar zum Gaststättenfacharbeiter qualifizieren und hatte gut zu tun, die Zutaten für Marlenes Speisekarte zu besorgen. Die Thiems waren Kommissionspartner der **Handelsorganisation (HO)**.

„Wir bekamen alle Engpässe zu spüren“,

erinnert sich der 1940 geborene Mühlhäuser. Die Schadeberg-Klause wurde als **Delikat-Gaststätte** eingestuft. Dadurch kamen die Thiems beispielsweise an Qualitätsbier, Pommes und Weinbrand besser heran als andere Gastronomen.
Auf der Speisekarte standen **„Soljanka“**, **„Würzfleisch“**, **„Steak mit Würzfleisch“**, **„Cordon Bleu“** und natürlich **Pommes**. Diese Beilage wollte jeder Gast – eine Herausforderung für Marlene und deren Mutter, die in der Küche das Essen zubereiteten. Jede einzelne Pommes haben sie selbst geschnitten. Dazu gab es Pilze, Weißkraut, Rotkraut, Möhren. Kochen hat die gelernte Verkäuferin von ihrer Mutter gelernt.
Auch Tochter Sylvia half mit. Sie und ihr Vater bedienten die Gäste.
Zwei Ruhetage pro Woche waren vorgeschrieben. Ansonsten hatten die Thiems täglich von 16 bis 23 Uhr geöffnet. 21 Uhr war Küchenschluss. Bei Familienfeiern musste eine Verlängerung der Öffnungszeit beantragt werden.

„Die Leute haben viel bei uns in der Gaststätte gefeiert“,

erinnert sich Horst Thiem: „Brigadefeiern, Jugendweihe, Hochzeiten, Konfirmationen, Silvester.“
Horst Thiem hatte als „Gastronomieneuling“ schnell die nötigen Kontakte geknüpft, damit sie nicht ausschließlich auf die „Kontigente“ angewiesen waren. Und vor der Jugendweihe-Zeit und vor Weihnachten wurde es erfahrungsgemäß immer knapp mit Lieferungen. Gemerkt haben das die Gäste der Schadeberg-Klause nie. Ganz im Gegenteil: Viele wurden Stammgäste am Schadeberg.

Bereits 1974 hatte am **Forstberg** eine **Wohngebietsgaststätte** in der alten Kaufhalle geöffnet.

Hochzeitsfeier in der Wohngebietsgaststätte Forstberg mit Tanz zu vorgerückter Stunde, 1975

Ebenfalls im Herkules Verlag erschienen:

Mühlhausen
Weißt du noch?
Mitten aus'm MÜHLHÄUSER DDR-Alltag.
Claudia Götze
Geschichten und Episoden.
88 Seiten, ca. 150 S/W-Fotos, gebunden
ISBN 978-3-941499-71-3

Aus unserer Reihe **„Weißt du noch?"** – Geschichten und Anekdoten aus ehemaligen DDR-Städten können Sie folgende Titel bestellen:
Erfurt
Eisenach
Gera
Halle
Dessau Band 1 und **Band 2**
Magdeburg Band 1 und **Band 2**

Jedes Jahr kommen weitere Titel hinzu!

Zu bestellen unter: www.herkules-Verlag.de
oder info@herkules-verlag.de

Bücher über den Fußball

Weißt du noch?
Die 1. Bundesligasaison
Bundesligaprofis erzählen
von Stephan Tönnies
88 Seiten, geb., zahlr. S/W-Fotos
ISBN 978-3-941499-85-0

Weißt du noch?
Schalke 04
Geschichten und Anekdoten
von Friedhelm Wessel
88 S., gebunden, zahlr. S/W-Fotos
ISBN 978-3-941499-60-7

Weißt du noch?
Schalke 04 · Band 2
Geschichten und Anekdoten
von Friedhelm Wessel
88 S., gebunden, zahlr. S/W-Fotos
ISBN 978-3-941499-78-2

Jürgen Klopp
Kleine Geschichte eines außergewöhnlichen Fußballtrainers
von Claus Feldner
172 Seiten, geb., zahlr. S/W-Fotos
ISBN 978-3-941499-58-4

Das kleine
Felix Magath
Buch
„Maggie", das „Besatzerkind" und Kuschel-Sonntage mit der Familie ...
von Claus Feldner
88 Seiten, geb., zahlr. S/W-Fotos
ISBN 978-3-941499-80-5

Das kleine
Uli Hoeneß
Buch
Respektloser Scharfmacher, Besserwisser – ein Macho?
von Claus Feldner
88 Seiten, geb., zahlr. S/W-Fotos
ISBN 978-3-941499-79-9

Bücher über den Fußball

Weißt du noch?
von Oskar Beckenbauer, Bayerns einzigem Abstieg, einer Mannschaftssitzung mit Mick Jagger ... und – Uli Hoeneß: „Zocken gehört verboten ...“
von Stephan Tönnies
88 Seiten, geb.,
zahlr. S/W-Fotos
ISBN 978-3-941499-91-1

Besuchen Sie unsere Internetseite!

www.herkules-verlag.de

Was war wann? 1982 bis 1989

1982 Eröffnung Kaufhalle Feldstraße mit „Sonntagskiosk"
Postkeller wird zu Weinlokal umgebaut
1983 Pflegeheim in der Gartenstraße wird eröffnet
Neugestaltung Busbahnhof mit acht Doppelsteigen in Schrägaufstellung
1984 Neugestaltung Petriteich mit Sanierung des „Frosch"-Springbrunnens
1985 Grundsteinlegung für Kaufhalle Sachsensiedlung
1986 SERO-Annahemstelle am Forstberg öffnet. Waldkiosk „Weißes Haus" eröffnet. Gerhard und Elibeth Rüppelt verpflegen die Ausflügler
1987 Haus der Dienste des VEB DLB „telelux" entsteht in der Gustav-Meyer-Straße (Krümme) mit 193 Dienstleistungsarten
Am Petristeinweg 9 entsteht der 6. Getränkestützpunkt der Stadt. Ingrid und Hans-Joachim Scharfe betreiben ihn. Weitere Getränkestützpunkte gibt es: Mittelstraße, Wahlstraße/Ecke Linsenstraße, Klippenweg und Ammerstraße/Brandströmstraße
1988 Das äußere Frauentor wird rekonstruiert, erhält u. a. ein neues Dach
Familie Sorns eröffnet in der Ammerstraße 68 eine „Pizza- und Snackbar"
1989 12. Dezember: Runder Tisch berät zum ersten Mal im Hotel Stadt Mühlhausen unter Leitung des Superintendenten Johannes Liesenberg

1989: Schlange vor der Tankstelle in der Martinistraße

1990: Wahlvorstand-Volkskammerwahl Politz

Oberbürgermeister und Bürgermeister:
Dr. Hellmut Neumann (1945-1948), Karl Herrmann (1948-1950), Kurt Gottschling (1950-1953), Gerhard Brendel (1953-1955), Kurt Reichenbach (1955-1965), Günter Gabriel (1965-1973), Karl Saul (1973-1977), Herbert Hempel (1977-1983), Karl-Heinz Dutschmann (1983-1987), Klaus Neukirch (1987-1989), Ulrich Gnehr (1989-1990), Hans-Dieter Dörbaum (1990-2012), Johannes Bruns (2012)

Einwohnerzahlen:
46 857 (1946), 49 492 (1947), 51 766 (1948), 51 744 (1949), 47 122 (1957), 46 442 (1958), 45 940 (1959), 45 497 (1960), 45 194 (1961), 44 830 (1962), 45 266 (1962), 45 355 (1964), 46 135 (1965), 46 155 (1966), 45 735 (1968), 45 654 (1969), 45 590 (1970), 45 190 (1971), 44 612 (1973), 44 277 (1974), 44 106 (1975), 43 773 (1977), 43 698 (1978), 43 678 (1979), 43 516 (1980), 43 544 (1981), 43 348 (1982), 43 471 (1983), 43 493 (1985), 43 286 (1986), 43 046 (1987), 42 906 (1988), 42 994 (1989)